Pour une politique ouverte de l'immigration

Groupe de travail « Migrations et mondialisation »
du Conseil scientifique d'Attac

Dans la même collection

L'Europe à quitte ou double, Jean Tosti (coord.)

Souveraineté alimentaire. Que fait l'Europe?, **Gérard Choplin, Alexandra Strickner, Aurélie Trouvé (coord.)**

Commerce équitable. Produire, vendre et consommer autrement, **Thierry Brugvin, Elisabetta Bucolo, Thomas Coutrot, Anne Olivier**

Cet ouvrage résulte des travaux du groupe de travail «Migrations et mondialisation» créé en janvier 2005 à l'initiative du Conseil scientifique. Parmi ses membres, ont contribué à la rédaction de cette publication qui a été coordonnée par Philippe Lippens: Martine Blanchard, Claudine Blasco, François Chesnais, Christian Delarue, François Mareschal, Igor Martinache, Gustave Massiah, Paul Oriol, Caroline Robert, Serge Seninsky, Jasmer Singh, Zita Trancart, ainsi qu'Emmanuel Terray. Nous nous devons aussi de remercier pour leurs critiques, conseils et aide Jacques Cossart, Marc Delepouve, Susan George, Jean-Marie Harribey, Gilles Lemaire, Danièle Lochak, El Mouhoub Mouhoud, Jacqueline Penit, Dominique Plihon, Jean Tosti.

© Éditions Syllepse, 2009
69 rue des Rigoles, 75020 Paris
edition@syllepse.net
www.syllepse.net
ISBN: 978-2-84950-240-2

Les éditions Syllepse remercient Guillaume Latil pour la création graphique des couvertures de cette collection.

Table des matières

Préface par Gustave Massiah
Les migrations : une question stratégique pour construire
un autre monde   7

Introduction   19

1. *Qu'est ce que l'immigration ?*   21

État des lieux mondial
État des lieux en France

2. *Les migrations, une dimension permanente de l'histoire*
   de l'humanité, avec ses spécificités contemporaines   29

Un héritage historique : les migrations du passé
Les migrations du présent : la mondialisation néolibérale
Les migrants, acteurs de transformation des sociétés
   et du monde

3. *Le rejet des migrants et l'Europe forteresse*   41

Une politique qui porte atteinte aux droits de l'homme
Une politique bloquant les mouvements traditionnels de
   population
Le développement des pays d'origine n'est pas une alternative
   aux migrations

4. *A-t-on raison de s'opposer à l'immigration ?*   55

L'immigration est-elle une menace pour notre économie ?
L'immigration menace-t-elle notre identité nationale ?

5. *Vers la liberté d'installation*   69

Appliquer la réglementation des ressortissants européens
Supprimer les visas et les discriminations
L'immigration sélective est-elle un compromis acceptable ?
Liberté d'installation et liberté d'aller et venir
Aller par étapes vers la liberté de circulation et d'installation

6. *Pour que les migrations enrichissent les rapports Nord-Sud* 83

Optimiser les transferts d'argent

Maintenir les acquis financiers dans le cadre d'un retour au pays d'origine

Lutter contre la fuite des cerveaux

7. *Pour une citoyenneté ouverte* 89

De l'égalité proclamée à la citoyenneté

Vers le droit de vote

Après Maastricht

Pour une citoyenneté de résidence

Propositions

Conclusion 105

Annexes 107

Lettre du président de la République de Bolivie au sujet de la directive retour

De nouveaux mouvements pour la coordination des sans-papiers

Bibliographie complémentaire 117

Préface

Les migrations : une question stratégique pour construire un autre monde

Gustave Massiah

Attac est directement interpellée par la question des migrations. Il est peu de questions qui soient aussi directement et étroitement liées à la mondialisation et qui soient au cœur du rapport entre cette mondialisation et l'évolution de chaque société. Comment alors affirmer la volonté de participer à la construction d'un autre monde sans prendre en charge la question des migrations ?

Les migrations font partie du cœur de métier d'Attac. De nombreux comités locaux interviennent quotidiennement sur cette question. Le Conseil scientifique a décidé de rédiger un livre engagé, qui refuse tout dogmatisme et aborde les questionnements vivants que soutient la diversité des opinions dans Attac.

Ce livre correspond à une des fonctions d'Attac : identifier les questions qui pèsent sur l'avenir, et les aborder par le débat intellectuel, la mobilisation, l'éducation populaire.

Les migrations s'inscrivent dans le temps long et font partie de l'histoire humaine. De nombreuses formes en témoignent et marquent l'imaginaire de notre monde. Citons, parmi d'autres, le nomadisme, l'exil, les colonisations, les diasporas. Pour autant, les migrations sont caractérisées par la logique dominante de chacune des phases historiques. Aujourd'hui, elles sont déterminées par la phase néolibérale de la mondialisation capitaliste et par ses contradictions qui s'aiguisent dans une période de crise. Les migrations économiques, accentuées par l'industrialisation de l'après-guerre, tracent les voies vers les pays riches, vers les zones industrielles et les pays émergents du Sud. Les guerres refoulent des réfugiés dans les régions en conflits internes et déstabilisent une population de près d'un milliard de personnes, dont une partie variable est susceptible de prendre la route à chaque durcissement. Les régimes autoritaires provoquent les départs des réfugiés politiques qui demandent le droit d'asile. La crise environnementale prépare la multiplication des réfugiés écologiques à travers les déforestations, la pollution des fleuves et des mers et les inondations. Près de 200 millions de personnes vivent dans des régions qui seraient inondées à la suite d'une élévation des eaux de quelques centimètres.

Les migrations s'inscrivent dans le marché mondial du travail et sont structurellement présentes dans tous les segments de ce marché. C'est l'un des principaux mécanismes, avec les délocalisations, qui font jouer au travail le rôle de variable d'ajustement dans le fonctionnement du capitalisme. Elles fournissent le soubassement du travail dans certains secteurs (agriculture saisonnière, bâtiment, industrie d'assemblage manufacturière, services) et servent d'amortisseurs et de régulateurs dans tous les secteurs. Elles alimentent les secteurs très spécialisés et très qualifiés, et particulièrement la recherche, à travers l'exode des cerveaux, le *brain drain*. Sans oublier le plus corvéable comme l'informel, les petits boulots et la prostitution.

Les migrants subissent de plein fouet la crise sociale, victimes privilégiées des inégalités et des discriminations. Les migrants, précarisés et sans droits, sont, pour les patrons néolibéraux, l'idéal type du travailleur. Nouvelles «classes laborieuses, classes dangereuses», elles prennent la place occupée par le prolétariat dans l'imaginaire proposé au grand public.

Dans la préparation du livre, cet aspect a fait l'objet de plusieurs contributions : sur l'histoire du marché mondial du travail capitaliste ; sur l'évolution du contrat de travail, la précarisation et le retour des formes de marchandage à partir de l'exemple de la marine marchande ; sur les délocalisations. Ces discussions devraient être reprises et explicitées dans un ouvrage spécifique qui reste à définir.

Les migrations, avec l'urbanisation, sont une des questions stratégiques du peuplement de la planète et seront au centre du prochain siècle et de ses peurs fantasmagoriques. Le 20ᵉ siècle a été marqué par la crainte de l'explosion démographique qui achevait, après la décolonisation, d'entretenir la grande peur de l'Occident qui se voyait menacé par les hordes libérées, et colorées, des anciens colonisés. La « divine » surprise de la transition démographique a permis une nouvelle représentation de la croissance de la population mondiale ; elle est venue rappeler que la démographie n'est pas seulement une cause, elle est aussi une conséquence des évolutions sociales. Après l'industrialisation et l'urbanisation qui, avec la décolonisation, ont marqué les mouvements de population et les migrations, nous entrons dans une nouvelle période démographique. Elle est marquée par la question de l'écosystème planétaire et par celle de la répartition des richesses et de la montée de l'extrême misère ; les guerres et les conflits étant toujours présents. Les caractéristiques des migrations en résultent. Comme le disait fort justement Alfred Sauvy, «*si les richesses sont au Nord et les hommes sont au Sud, les hommes iront du Sud au Nord, et vous ne pourrez rien faire pour les en empêcher*».

La première réponse qui peut être apportée à cette question stratégique des migrations et de leur rôle central dans le siècle est l'affirmation du respect des droits des migrants. C'est un impératif catégorique. Ce n'est pas seulement une exigence morale. Le respect des droits individuels et collectifs et l'égal accès aux droits pour tous constituent l'orientation alternative que le mouvement altermondialiste oppose à l'organisation capitaliste du monde et à la régulation néolibérale par le marché mondial des capitaux. Cette régulation est en crise, mais reste dominante. C'est pourquoi nous demandons la mise en œuvre de la convention internationale pour le respect des droits des migrants et de leurs familles. Il est scandaleux que cette convention adoptée par les Nations unies ne soit toujours ratifiée, plusieurs années après, par aucun pays d'immigration, notamment par la France, et par aucun pays européen. Encore faut-il préciser que cette convention est très insatisfaisante sur plusieurs aspects de la défense des droits des migrants et que, même si elle va dans le bon sens et renforce le droit international, elle ne constitue à nos yeux qu'une première étape.

Le respect des droits des migrants implique de fonder les politiques sur l'égalité des droits. Cette égalité concerne l'ensemble des droits ; les droits civils et politiques, comme les droits économiques, sociaux, culturels et environnementaux. L'égalité des droits entre les migrants, étrangers ou non, et les autres, dans chaque société, est une nécessité pour tous. Cette égalité ne concerne pas que les migrants. L'évolution historique, y compris l'évolution très récente en France, montre que la remise en cause des droits d'une catégorie de la population, particulièrement des plus fragiles, finit toujours par s'étendre et par affaiblir les droits de tous. Son acceptation prépare inéluctablement des situations sécuritaires et liberticides qui commencent avec la criminalisation de la solidarité.

Dans l'immédiat, cela signifie que la législation et la réglementation concernant les migrants soient fondées sur l'égalité des droits et non, comme en France actuellement, sur la notion d'ordre public. C'est ce que demande constamment depuis des années la Commission nationale consultative des droits de l'homme.

L'égalité des droits pour tous doit aussi être assurée entre les sociétés. C'est un impératif pour un autre monde et un défi qui demande l'invention des formes nouvelles, celles de la démocratie mondiale.

Parmi les droits reconnus par la Déclaration universelle des droits de l'homme, figure en bonne place celui de circuler librement. L'article 13 le stipule :

> « Toute personne a le droit de circuler librement et de choisir sa résidence à l'intérieur d'un État. Toute personne a le droit de quitter tout pays, y compris le sien, et de revenir dans son pays. »

Le fait que cet énoncé apparaisse à tant de gens hors de portée, voire stupéfiant, en dit long sur la régression des idéaux de liberté et de la défense des droits dans le monde.

Les nécessités de défense de l'ordre public, mises en avant, se révèlent le plus souvent comme des prétextes par rapport au contrôle des mouvements et des populations, y compris celles des pays concernés. Des mesures provisoires de régulation peuvent être nécessaires dans certaines situations, elles ne peuvent fonder un régime permanent qui repose sur la négation des droits et des libertés. Les murs que l'on élève en pensant se protéger accroissent le plus souvent les peurs et l'insécurité. Ils se révèlent inefficaces par rapport à des politiques de compréhension, d'hospitalité et de bon voisinage. Les murs finissent par envahir les têtes et les polluer.

Les politiques de visas, destinées à décourager les déplacements, sont fondées sur l'humiliation et le *containement* des pauvres ; elles dérivent vers la corruption dans les services de délivrance. Les Ligues des droits de l'homme en Europe ont demandé la suppression des visas de court séjour (moins de trois mois), ce qui était la situation la plus courante, en Europe, il y a trente ans.

La liberté de circulation fait toujours l'objet de débats passionnés et contradictoires qui mêlent plusieurs questions et conduisent à des positions divergentes, notamment sur la liberté d'établissement et l'identité nationale.

La liberté d'établissement est souvent considérée comme un danger pour les droits sociaux conquis à l'échelle nationale. La représentation qui domine est celle des migrations qui sont provoquées par les classes dominantes pour jouer la concurrence entre les travailleurs, peser sur les salaires et les conditions de travail. Il s'agit d'une délocalisation sur place, un des volets d'une offensive générale contre les salariés. Dans ce qui suit, je précise ma position.

Cette analyse est très largement exacte quant à la volonté du patronat, mais pas quant à ses conséquences. Il n'est d'ailleurs pas démontré que les migrations et la liberté de circulation exercent une pression à la baisse sur les salaires dans les pays d'accueil. De plus, la justesse partielle du diagnostic ne fournit pas automatiquement la réponse. Il s'agit de trouver une riposte qui permette d'éviter de tomber dans le piège de la division entre travailleurs. Il n'y a pas de recette magique, il faut construire une démarche. Ce qui est sûr, c'est qu'accepter une union sacrée contre les immigrés conduit tout droit à une catastrophe pour tous. D'autant que les faits démentent ce diagnostic. Les travailleurs immigrés contribuent à l'équilibre des déficits sociaux et leurs contributions sont excédentaires par rapport à leurs dépenses. C'est le chômage, et non l'immigration, qui met en danger la protection sociale.

La réponse n'est pas dans une politique de laisser-faire ouverte à tous les vents de la mondialisation capitaliste. Dans certaines situations, des régulations et des réglementations peuvent être nécessaires pour gérer les contradictions dans la mise en œuvre de plusieurs droits. Mais ces aménagements ne peuvent conduire à nier un des droits, celui de la liberté de circulation. Le critère d'appréciation d'une politique c'est celui de l'extension de la mise en œuvre des droits. C'est dans les situations les plus difficiles, dans les conditions limites, quand il y a de réels problèmes que se gagnent les batailles du droit et que s'inventent les nouveaux droits et les manières de les appliquer.

La chasse aux immigrés est devenue un sport national. Les chiffres et les tableaux de chasse sont publiés mensuellement. On vérifie là comment la régression gagne progressivement toute la population. La chasse au faciès dans les rues, les banlieues, les métros, ne différencie pas les étrangers des nationaux. La fiction est que la chasse aux clandestins est destinée à mieux intégrer les «réguliers». Mais on produit de plus en plus de clandestins. La majorité des sans papiers est entrée régulièrement, ils sont «clandestinisés». Il est de plus en plus difficile de choisir avec qui se marier librement, un mariage avec un étranger ou une étrangère est a priori suspect. La solidarité est devenue un délit. Les services publics deviennent progressivement censitaires.

L'armée campe aux frontières, l'Europe s'entoure de barbelés, les morts s'y accumulent. L'Europe se couvre de camps, de plusieurs centaines de camps de rétention. Les camps traversent les frontières et essaiment en Afrique. Les États des pays d'origine sont embrigadés dans cette croisade, parfois de gré, parfois contraints. Ceux qui renâclent mettent en danger leurs accords de coopération.

Pour sortir de cette situation, les réponses sont pourtant simples : arrêter de criminaliser les sans-papiers et ceux qui les soutiennent ; dépénaliser les infractions aux séjours ; organiser des régularisations périodiques des sans-papiers. Les immigrés et les étrangers sont les boucs émissaires. La peur entretenue de l'étranger entretient le racisme et l'islamophobie. Elle sert à construire une société d'intolérance, pudiquement appelée «tolérance zéro».

La question de l'identité nationale est souvent soulevée dès que l'on parle de liberté de circulation et d'établissement. Les discussions portent sur les frontières, la souveraineté nationale, l'identité nationale. Les positions s'échelonnent, ce qui ne les empêche pas d'être tranchées et passionnelles ; plusieurs d'entre elles étaient présentes dans le groupe de travail.

Parmi les questions soulevées, la complexité des rapports entre les peuples et les nations, le rapport entre la citoyenneté et les nationalités, le rôle de l'État et l'intérêt du cadre national pour l'avancée des luttes sociales, le rapport entre souveraineté nationale et souveraineté populaire dans le cadre de la mondialisation capitaliste.

L'accord a été réalisé sur trois points importants. D'abord, le rejet de la tentation nationaliste dans la lutte contre la mondialisation capitaliste et le refus de subordonner les droits individuels et collectifs à la souveraineté nationale. Ensuite, la conscience du rôle que l'on fait jouer à l'identité nationale et des manipulations auxquelles elle donne lieu. Sans même aller jusqu'à la grossièreté de la désignation d'un ministère jouant à opposer l'immigration à l'identité nationale. Malgré cette provocation, il a été convenu de ne pas confondre la condamnation du rôle qu'on lui fait jouer avec le débat sur l'identité nationale. Ensuite, la reconnaissance des identités multiples et le danger de tout rabattre sur une identité unique ou déterminante et de faire de l'identité nationale une identité qui écraserait ou éliminerait toutes les autres. La richesse qui en découle en termes de diversité n'est pas contradictoire avec les différentes formes de souveraineté populaire.

Le corollaire du respect des droits des migrants tient dans l'accès de ces derniers à une complète citoyenneté. La situation en matière de citoyenneté des résidents communautaires, c'est-à-dire des nationaux des pays européens, pourrait être immédiatement élargie à tous les résidents. Cela concerne notamment le droit de vote, à commencer par les élections locales, comme c'est déjà le cas dans certains pays et comme c'est le cas en France pour les élections professionnelles.

La deuxième réponse qui peut être apportée à la question centrale des migrations concerne la transformation des sociétés et du monde et renvoie à ce qu'on appelle, pour simplifier, le développement.

Puisque l'émigration résulte du sous-développement et des inégalités de développement, il suffirait, pour l'arrêter, de développer les pays et les régions d'origine. Le développement permet-il de réduire les flux migratoires ? La réponse dépend de l'horizon. À long terme, oui ! À court terme, non ! En fait, l'expérience historique constante le confirme : dans une première phase, le développement accentue l'émigration.

La simplification outrancière du rapport entre migrations et développement n'est pas anodine. Le discours dominant affirme ainsi, avec cynisme et hypocrisie, qu'il suffirait d'accroître l'aide et les investissements vers les pays d'émigration et, dans le même temps, d'interdire l'immigration et de forcer aux retours. Nous n'entrerons pas dans la discussion sur la réalité et la nature de cette aide. La mauvaise foi consiste à ignorer sciemment les différences de temps qui existent entre le développement d'un pays et le tarissement des flux migratoires.

Le codéveloppement, rebaptisé «développement solidaire», est devenu aujourd'hui, en France et en Europe, un instrument de gestion des flux migratoires. En introduisant une relation exclusive avec les politiques migratoires et en leur subordonnant la coopération, on achève de pervertir le sens du développement. Le discours conduit la logique à son terme : le codéveloppement est enfermé entre identité nationale et immigration, présentées comme opposées et inconciliables. La politique de coopération, qui se pare de codéveloppement, devient un instrument au service de la tactique électorale ; elle donne la main à l'électorat du Front national.

D'une manière générale, les migrations favorisent de manière déterminante le développement. L'allégement de la pression démographique, l'élévation de la productivité agricole, la libération de main-d'œuvre pour l'industrie constituent les préalables de l'industrialisation. Les transferts monétaires, l'ouverture culturelle en retour, les investissements dans la construction d'abord, dans les secteurs productifs ensuite, accompagnent les flux migratoires. Dans l'autre sens, l'immigration a contribué massivement au développement des pays d'accueil, et ce à tous les niveaux : de la concentration des cerveaux dans les laboratoires scientifiques aux travailleurs qualifiés et déqualifiés de l'industrie, de l'agriculture et des services, sans oublier l'apport remarquable des artistes et des créateurs.

Pour que le développement facilite une autre approche des migrations, il faudrait, dans les pays d'immigration, que les politiques d'emploi favorisent la stabilisation et la qualification du travail et qu'au nivellement par le bas des droits sociaux succède une émulation pour les faire progresser. Il faudrait que, dans les pays d'émigration, des flux soient encouragés en fonction d'approches collectives qui favorisent le développement local, le marché intérieur et qui soient respectueuses des droits individuels et collectifs.

Il faudrait aussi agir sur le système international qui organise les migrations actuelles. Un véritable codéveloppement impliquerait, à l'échelle mondiale, une redistribution des richesses, notamment sous la forme de taxations internationales, une action commune sur les politiques d'investissement, l'évolution du commerce mondial et une action concertée sur les institutions internationales (FMI, Banque mondiale, OMC).

Les migrants ont esquissé des réponses, partielles mais très intéressantes, à la conception dominante du développement. La coopération des migrants est inscrite dans une conception endogène du développement. Elle concerne au premier chef le développement local, la mobilisation de l'épargne domestique, la création de services locaux de proximité dans les villages et les quartiers, l'élévation du niveau de qualification et d'ouverture des groupes locaux. Certes, les difficultés et les contre-effets ne manquent pas (gaspillage de ressources, détournements d'objectifs et de moyens, etc.), mais ils peuvent être corrigés et n'empêchent pas l'intérêt majeur de ces actions. Cette coopération, révélée par la place des flux migratoires (diasporas, réfugiés, migrations économiques, demandeurs d'asile, exode des cerveaux et assistance technique…) correspond à une demande populaire et à des dynamiques internes. Elle met en avant le développement à la base et la participation.

Donner une priorité relative au développement des régions d'origine des migrants, même s'il ne contribue pas à réduire significativement les flux à court terme, présente un double avantage : il fonde la coopération sur une histoire commune et par là même la concrétise ; il peut s'appuyer sur l'apport essentiel des migrants.

Les politiques migratoires que nous préconisons doivent mettre en avant deux objectifs : le respect des droits individuels et collectifs des migrants et de leurs familles ; des politiques de développement librement définies par les peuples des pays d'émigration et permettant une transformation sociale encourageant la production pour les besoins des marchés intérieurs, respectueuse de l'environnement, de la justice sociale, des libertés et des droits ; un système international fondé sur l'accès pour tous aux droits définis par la Déclaration universelle des droits de l'homme et les pactes internationaux.

Les politiques migratoires imposées par les pays du Nord vont à l'inverse complet de ces propositions. Les droits des migrants sont bafoués, la conception du développement est imposée et subordonnée à la gestion des flux migratoires tels que veulent les définir les pays du Nord. Le système international subordonne le droit international au droit des affaires. C'est pourquoi nous demandons la réunion d'une Conférence mondiale sur les droits des migrants et l'organisation des migrations par le droit international.

Il nous faut aussi déconstruire le discours qui est mis en avant pour exposer les politiques dominantes et qui trouve du crédit dans les couches populaires. Ce discours repose sur trois fausses évidences présentées comme de bon sens. Contrairement à la démarche scientifique qui part du faux pour construire du vrai, il part de quelques éléments vérifiables pour construire du faux. Il prétend qu'il n'y a pas d'alternative à la fermeture des frontières pour se garder de l'«invasion» des pauvres qui menacerait l'Europe. Il affirme que la chasse aux «clandestins» est une condition pour intégrer les «réguliers». Il assure que la promesse d'une aide, de surcroît discutable, suffirait à développer les régions d'origine et à mettre fin à l'émigration. Les parties précédentes ont abordé ce qui pouvait être pensé de ces affirmations fallacieuses.

Il y a certes des problèmes réels, comme dans toute évolution. Il faut éviter qu'ils ne fonctionnent comme autant de pièges pour dresser les hommes et les femmes les uns et les unes contre les autres. Il s'agit alors de revenir aux principes de liberté, d'égalité et de solidarité pour évaluer les situations et élaborer des propositions. Il s'agit de réaffirmer la volonté de construire un autre monde, qui nécessite une rupture avec les tendances actuelles qui nous entraînent tranquillement vers l'égoïsme, la guerre et la barbarie.

Les politiques fondées sur la peur et l'humiliation mettent en danger les sociétés européennes. Comme le disait si justement Aimé Césaire, «*la colonisation avilit le colonisateur. Nous assistons au lent ensauvagement du continent*». Ce qui nous rappelle que les migrations, dans la phase actuelle, sont profondément marquées par la colonisation et l'inachèvement de la décolonisation, remise en cause par la crise de la dette et la multiplication des conflits et des guerres. Le mouvement altermondialiste prolonge et renouvelle les mouvements historiques précédents, celui du mouvement ouvrier et des luttes sociales, celui de la décolonisation, celui des luttes pour les libertés et la démocratie.

Il s'agit de produire de la dignité, de répondre à la revendication de dignité ; celle de la reconnaissance du rôle historique des migrants et celle de la lutte contre la régression de la société française et des sociétés européennes. Cette production de dignité est présente dans les luttes des migrants à travers les associations de migrants, les collectifs de sans-papiers, les comités de foyers, les associations qui réinventent la coopération comme IDD[1], Migrations et Développement et bien des associations du Forim[2]. Elle est présente dans les luttes sociales et politiques dans les pays d'origine. Elle est présente dans l'action de ceux qui

---

1. Immigration, Développement, Démocratie (réseau d'associations issues de l'immigration marocaine en France).
2. Forum des organisations de solidarité internationales issues des migrations.

s'engagent pour démontrer que les luttes des migrants sont parties intégrantes des luttes sociales et politiques des pays d'accueil : les réseaux comme RESF (Réseau éducation sans frontières), Migreurop, le Gisti (Groupe d'information et de soutien des immigrés), la Fasti (Fédération des associations de solidarité avec les travailleurs immigrés), les syndicats, les associations de défense des droits de l'homme, les associations de solidarité internationale. Cette production de dignité s'exprime au niveau mondial dans les forums sociaux, le Forum social mondial des migrations de Madrid, la rencontre du Mexique, les conférences euro-africaines, Le Sommet citoyen sur les migrations à Paris.

La question des migrants et des étrangers est un des tout premiers défis de la civilisation moderne.

Introduction

Attac ne pouvait durablement développer son travail critique sur les divers aspects de la mondialisation néolibérale et de ses institutions sans aborder de la même façon la question des migrations.

Souvenons-nous : en décembre 1997, un article d'Ignacio Ramonet soulignait dans *Le Monde diplomatique* l'importance des flux financiers et la nécessité de les contrôler. De nombreux antimondialistes et/ou altermondialistes se sont mobilisés durant les années qui ont suivi pour faire reculer la mondialisation néolibérale à base financière et exiger notamment la taxation des revenus financiers. Mais il n'y a pas que les flux financiers, ni même plus largement les flux économiques, qui se sont démultipliés au cours des dernières décennies.

Dans le même temps, les mouvements migratoires se sont mondialisés et ont pris une ampleur considérable. Ce phénomène a suscité de nombreuses questions, notamment parce que le séjour durable des migrants pose à nouveau la question de la citoyenneté, qui est au cœur du projet d'Attac.

Le point de départ de la démarche de ce livre a consisté à clarifier l'objet de l'étude. Le premier chapitre essaie de répondre à des questions simples mais décisives : qu'appelle-t-on migrant ? Qu'est-ce qu'un étranger ? Qu'est-ce qu'un réfugié ? Combien sont-ils ? Combien d'hommes et de femmes ? De quelles origines ? Dans le chapitre 2, un historique des migrations met en perspective ce phénomène. Le chapitre 3 démontre les dangers de l'«Europe forteresse» qui réduit les droits des migrants, ce qui pousse ces derniers dans la clandestinité. Il dénonce les politiques policières d'expulsion du territoire. La réponse du codéveloppement est «déconstruite» pour montrer qu'elle constitue une fausse solution, qui évide d'aborder la nécessaire reconnaissance de droits aux migrants. Pour vaincre les obstacles idéologiques qui s'opposent à la libre circulation et la libre installation des migrants, il importe de savoir (chapitres 4 et 5) si l'immigration est une menace pour notre économie et pour notre « identité nationale », et si l'immigration sélective est un compromis acceptable. Les deux derniers chapitres (6 et 7) montrent que les migrations peuvent enrichir les rapports Nord-Sud, dès lors qu'on envisage une politique d'immigration ouverte, apaisée, et une citoyenneté de résidence.

Dans cette perspective, sont proposés non seulement la mise en place du droit de vote pour les étrangers, mais, au-delà, le bénéfice progressif pour tous les migrants des droits applicables aux ressortissants européens. Ainsi, la liberté d'installation et les droits attachés à la citoyenneté de résidence permettront de construire une Europe où tous les citoyens résidents ont les mêmes droits et devoirs. Ces propositions constituent une alternative aux politiques actuelles, fondées sur la répression et l'exploitation de la main-d'œuvre immigrée. Notre volonté et notre espoir sont que les migrations contribuent à enrichir les rapports Nord-Sud dans tous les domaines sociaux, culturels, politiques, et pas uniquement économiques.

1
Qu'est-ce que l'immigration ?

Avant toute discussion sur l'immigration, il est important de bien définir les termes employés, encore plus quand il est question de comparaisons internationales. Il faut alors tenir compte des différences dans les législations nationales sur la nationalité.

Lors du recensement de la population en 1999, la France comptait 3 260 000 étrangers[1]. Le démographe Hervé Le Bras écrivait qu'avec la législation des États-Unis, «*les 510 000 étrangers nés en France seraient français. Et si c'était la législation des pays d'Amérique latine, les résidents depuis plus de dix ans auraient acquis la nationalité du pays d'accueil. On ne compterait alors que 638 000 étrangers*[2]»! Il aurait pu ajouter qu'avec la loi suisse, ils seraient 6 ou 7 millions! Suivant la législation envisagée, la population «étrangère» de France peut ainsi varier de 600 000 à plus de 6 millions!

Pour se faire une idée de l'importance de l'immigration, il vaut mieux comparer le nombre, la proportion d'immigrés, qu'ils aient ou non la nationalité du pays de résidence. D'où la nécessité de quelques définitions préalables.

Immigré
Personne née étrangère à l'étranger et résidant en France. Les personnes nées françaises à l'étranger et vivant en France ne sont pas comptabilisées comme immigrées. À l'inverse, certains immigrés sont devenus français par acquisition de la nationalité, les autres restant étrangers. Les populations étrangères et immigrées ne se confondent pas: un immigré n'est pas nécessairement étranger et, réciproquement, certains étrangers ne sont pas immigrés car nés en France (surtout les enfants). La qualité d'immigré est permanente:

---

1. Ils étaient 3 510 000 en 2004.
2. H. Le Bras, *Coup de soleil*, n° 21, décembre 2000.

un individu continue à appartenir à la population immigrée même s'il devient français par acquisition.

Étranger

Personne de nationalité étrangère, qu'elle soit née en France ou à l'étranger.

Émigré

Français né en France et résidant à l'étranger.

Migration

Mouvement de population de plus ou moins longue durée défini par le passage d'un pays à un autre ou d'une région à une autre à l'intérieur d'un même pays. Par exemple, l'exode rural est une migration. Il existe aussi des migrations saisonnières.

Demandeur d'asile

Personne qui demande à bénéficier du statut de réfugié.

Réfugié

Personne qui a obtenu le statut de réfugié, à savoir le statut reconnu à une personne qui, «*craignant avec raison d'être persécutée du fait de sa race, de sa religion, de sa nationalité, de son appartenance à un certain groupe social ou de ses opinions politiques, se trouve hors du pays dont elle a la nationalité et qui ne peut ou, du fait de cette crainte, ne veut se réclamer de la protection de ce pays ; ou qui, si elle n'a pas de nationalité et se trouve hors du pays dans lequel elle avait sa résidence habituelle à la suite de tels événements, ne peut ou, en raison de ladite crainte, ne veut y retourner*» (convention de Genève relative au statut des réfugiés de 1951).

État des lieux mondial

En 2005, le nombre de migrants dans le monde est estimé à 200 millions, soit 3 % de la population mondiale, tandis qu'ils étaient 82 millions en 1970, ce qui constituait alors 2,2 % de la population mondiale.

En 2005, selon les Nations unies, les mouvements migratoires se répartissaient comme suit : Sud-Sud : 61 millions de personnes, Sud-Nord : 62 millions, Nord-Sud : 14 millions et Nord-Nord : 53 millions.

La place grandissante des femmes parmi les migrants est bien présentée dans une note de la Fédération internationale des droits de l'homme (FIDH) :

> « En 2000, les femmes constituaient un peu moins de la moitié des migrants et plus de 50 % dans les pays développés, mais aussi en Amérique latine, dans les Caraïbes et en ex-Union soviétique. Un nombre croissant d'entre elles émigrent seules en raison de la demande des pays riches en emplois traditionnellement féminins (travail domestique, nettoyage, soins aux personnes âgées, industries du sexe) mais aussi en raison de leur prise de conscience de leurs droits dans les sociétés où persistent de nombreuses contraintes à leur émancipation. Si la relégation des femmes immigrées à certains emplois les expose plus que les autres catégories de migrants aux violences et à la discrimination, leur parcours migratoire révèle et renforce la transformation des rôles publics et privés traditionnels entre les femmes et les hommes[3]. »

Pour leur part, le nombre de réfugiés dans le monde était évalué en 2005 à 13 millions, en diminution d'un tiers par rapport à 2000, en raison, principalement, du rapatriement massif de réfugiés afghans et des politiques d'asile de plus en plus restrictives[4].

État des lieux en France

La part des immigrés dans la population française est passée de 7,5 % en 1999 à 8,1 % à la mi-2004 En 1931, ils représentaient 6,6 % de la population. Mais le principal changement de la population immigrée concerne sa composition : 40 % des immigrés sont originaires d'Europe en 2004, contre plus des trois quarts en 1962.

Dans un article paru dans *Insee Première* en août 2006, Catherine Borrel[5] expose le résultat des enquêtes annuelles de recensement de 2004 et 2005.

---

3. FIDH : www.fidh.org.
4. Source : « Migrations internationales, Le chaînon manquant de la mondialisation », *Le Courrier de la planète*, n° 81-82, juillet-décembre 2006.
5. C. Borel, « Enquêtes annuelles de recensement 2004 et 2005, Près de 5 millions d'immigrés à la mi-2004 », *Insee Première*, n° 1098, août 2006, www.insee.fr:fr:ffc/ipweb/ip 1098/ip 1098.pdf.

Les immigrés selon leur pays de naissance
en 1999 et 2004-2005[6]

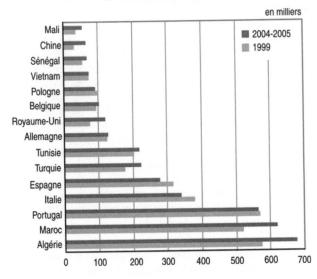

En 2004-2005, 1,7 million d'immigrés sont originaires d'un pays de l'Union européenne à vingt-cinq, comme en 1999. Cette stabilité résulte d'un double mouvement. Les immigrés venus d'Espagne ou d'Italie, installés depuis très longtemps en France, voient leur nombre se réduire sensiblement sur la période, du fait des décès et du faible nombre de nouveaux arrivants ; il en va de même pour les immigrés originaires de la Pologne (- 8 000). À l'inverse, le nombre de personnes venues d'un autre pays de l'Union augmente de plus de 100 000, le Royaume-Uni étant à l'origine de près de la moitié de la hausse (45 000). Les immigrés venus du Portugal sont aussi nombreux à la mi-2004 qu'en 1999. La présence des immigrés d'Europe orientale, hors Union, s'est fortement accrue (+ 37 %) : ils sont 250 000 en 2004-2005. Au total, la part des immigrés d'Europe baisse depuis 1975 (57 % en 1975, 49 % en 1999, 40 % mi-2004). Les immigrés

---

6. Source : Insee, recensement de 1999, enquêtes annuelles de recensement de 2004 et 2005. Champ : France métropolitaine.

natifs du Maghreb sont au nombre de 1,5 million en 2004-2005, soit 220 000 de plus qu'en 1999 (+ 17 %). Ce sont les personnes originaires d'Algérie ou du Maroc qui sont à l'origine de cette croissance (+ 100 000 pour chaque pays).

À la mi-2004, 1,4 million de personnes sont originaires d'autres parties du monde ; elles étaient 1,1 million dans ce cas en 1999 et 850 000 en 1990. Elles représentent 29 % de la population immigrée mi-2004, contre 20 % en 1999. Pour l'essentiel, elles sont originaires d'Asie (48 % dont 16 % pour la seule Turquie) et d'Afrique subsaharienne (40 %). Les immigrés natifs d'Afrique subsaharienne sont 570 000 à la mi-2004, en augmentation de 45 % par rapport à 1999. Parmi eux, sept sur dix viennent d'un pays anciennement sous administration française. Parmi les immigrés originaires du reste du monde, seuls les natifs de Turquie représentent plus de 4 % de la population immigrée résidant en France métropolitaine, la part des autres pays étant inférieure à 2 %.

Le schéma montre que les catégories «immigrés» et «étrangers» ne se recoupent pas exactement. À la mi-2004, 4 900 000 immigrés étaient dénombrés, dont 1 970 000 qui avaient pris la nationalité française et 2 960 000 qui ne l'avaient pas fait et étaient donc étrangers. Mais 550 000 personnes nées en France, essentiellement des enfants, étaient aussi comptabilisées parmi les «étrangers» soit, au total, 3 510 000.

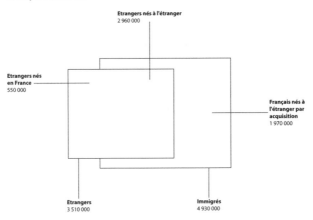

Etrangers nés à l'étranger
2 960 000

Etrangers nés en France
550 000

Français nés à l'étranger par acquisition
1 970 000

Etrangers
3 510 000

Immigrés
4 930 000

Les immigrés restés étrangers sont donc largement majoritaires, constituant 60 % du total en 2004. Mais cette part est très variable selon l'origine nationale : en 1999, 55 % des immigrés originaires d'Espagne ou d'Italie, et près de 69 % des immigrés provenant du Laos, du Cambodge ou du Vietnam, ont acquis la nationalité française, contre 35 % des migrants originaires d'Afrique subsaharienne, 27 % de ceux originaires d'Algérie, 25 % des personnes venant du Maroc et 15 % de celles venant de Turquie.

À noter enfin que 68,1 % des migrants venus des dix pays ayant adhéré depuis le 1er mai 2004 à l'Union européenne ont acquis la nationalité française, contre 39,7 % des immigrés provenant de l'ensemble de l'Union.

L'acquisition de la nationalité française

Il est intéressant de regarder de près les acquisitions de la nationalité, notamment le taux d'ajournement ou de refus des naturalisations par décret. De 1992 à 1995, ce taux était en moyenne de 24,59 %, mais il varie fortement en fonction de la nationalité d'origine : de 9,84 % pour les Portugais à 48,34 % pour les Sénégalais ! Les réponses défavorables concernent moins les Européens (Portugais, Italiens, Espagnols, Polonais, Yougoslaves), taux moyen 12, 01 %, que les ressortissants de la péninsule indochinoise (20,82 %), les Maghrébins (24,83 %), les Proche-Orientaux (33,44 %) ou les Africains noirs (36,5 %).

Cette échelle colorimétrique des ajournements et des refus n'était plus constatable pour les années 1998 et 1999, les données par nationalité n'étant plus publiées. Mais, suite à une question écrite de Martine Billard (à l'époque députée des Verts) au ministre de l'intérieur, ces chiffres ont été confirmés pour les années 1998-2001. Il paraît indispensable qu'une commission d'enquête se penche sur cette inégalité des chances dans l'acquisition de la nationalité[7].

Plusieurs facteurs jouent sur le taux de naturalisation en fonction de la nationalité :

---

7. P. Oriol, « Les naturalisations de 1992 à 1995 », *Migrations et société,* n° 57, mai-juin 1998. P. Oriol, « L'autruche républicaine ! », *Migrations et société* n° 77, septembre-octobre 2001.

- L'ancienneté de l'immigration : plus l'immigration est ancienne, plus la proportion de naturalisés est importante (Italiens, Espagnols).
- L'intérêt à acquérir la nationalité : les Européens des nouveaux pays membres avaient plus intérêt à prendre la nationalité avant l'adhésion de leur pays à l'Union.
- Le taux d'acceptation de la société d'accueil.

Immigration et croissance démographique

La France est le pays d'Europe dont la croissance démographique dépend le moins de l'immigration. Son solde démographique naturel (c'est-à-dire la différence entre le nombre annuel des naissances et celui des décès) est supérieur à 200 000 par an, alors que le solde migratoire est d'environ 65 000 personnes par an. Cependant, les femmes étrangères (7 % des femmes en âge d'avoir un enfant) contribuent aux naissances dans une proportion de 12 %, et de 15 % si on parle des femmes immigrées. Mais leur taux de fécondité converge rapidement avec celui des femmes nées en France[8] :

> « Il faut comprendre que si la fécondité des familles immigrées est élevée, celle des enfants issus de l'immigration est la même que celle des Français. Quand les immigrés arrivent en France, c'est pour fonder une famille. Mais après une génération d'adaptation, leur fécondité est à peu près la même que celle des familles d'origine française. Sans les mères immigrées, le taux de fécondité serait de 1,8 enfant par femme au lieu des 1,9 de 2005[9]. »

Place des femmes

Jusque dans les années 1960, les flux d'immigration étaient surtout composés d'hommes venant répondre aux besoins de main-d'œuvre dans le bâtiment et l'industrie. La part des femmes immigrées ne dépassait alors pas 44 %. Cette proportion a nettement augmenté depuis : en 1999, les femmes représentent 47 % de la population immigrée, en 2004, elles sont 51 %. L'augmentation de la population immigrée au

---

8. *Bulletin de l'Ined*, n° 432, mars 2007.
9. F. Prioux, « La France a compris avant les autres la nécessité d'avoir des enfants », septembre 2005, www.linternaute.com/actualite/savoir/06/demographie/interview-france-prioux.shtml.

cours de ces trente dernières années est entièrement le fait des femmes : depuis 1975, l'effectif d'hommes immigrés n'a pas bougé (2,1 millions), alors que celui des femmes a progressé dans toutes les tranches d'âge, passant de 1,7 à 2,2 millions. Ceci est en partie dû à l'augmentation de la part du regroupement familial et de la demande d'asile par rapport à l'immigration de travail, mais aussi à l'évolution de la demande de travailleurs immigrés pour des métiers de service aux personnes, « traditionnellement féminins ». La part des femmes varie selon le pays d'origine, elles sont moins nombreuses que les hommes d'Afrique subsaharienne, du Maghreb et de Turquie, même si leur nombre a beaucoup augmenté, alors que les immigrés d'Asie du Sud-Est sont également répartis entre hommes et femmes. Les immigrées d'Europe (Espagne, Italie) sont désormais majoritaires par rapport aux hommes de même origine.

Réfugiés et demandeurs d'asile

En 2006, 26 269 nouvelles demandes de statut de réfugié politique ont été déposées en France (hors mineurs accompagnant) et 7 354 cartes de réfugiés ont été délivrées.

Les demandes sont en chute libre, puisqu'elles étaient 42 478 en 2005. Mais cette baisse que l'on constate depuis 2005 ne s'accompagne pas d'une augmentation de délivrance du statut, en moyenne 18 % entre 2000 et 2005.

2
Les migrations, une dimension permanente de l'histoire de l'humanité, avec ses spécificités contemporaines

Au moment où sont remises en cause la liberté de circulation des personnes et, encore plus, leur liberté d'installation, il convient de prendre la mesure de l'importance des migrations dans le passé lointain ou proche, comme dans la phase actuelle de la mondialisation néolibérale. Il est utile de distinguer les différentes périodes de l'histoire des migrations humaines, en situant celles-ci dans leur relation avec les systèmes socio-économiques qu'elles fondent ou reflètent.

Un héritage historique : les migrations du passé

Loin d'être un phénomène résiduel, les migrations sont consubstantielles à l'histoire de l'humanité et, lors même qu'elles apparaissent aux «indigènes» sous forme d'invasions s'accompagnant de massacres, elles contraignent populations autochtones et immigrées à changer leurs représentations du monde, à concevoir des syncrétismes religieux et culturels, à inventer de nouvelles formes d'organisation sociale et politique.

De la protohistoire à la naissance du capitalisme, c'est l'affrontement permanent entre sédentaires et nomades dont ces derniers, plus aguerris, sortent le plus souvent vainqueurs pour mieux adopter en les adaptant les mœurs et coutumes des vaincus : les Turcs se convertissent à l'islam en conquérant le monde arabe au 11e siècle, les héritiers de Gengis Khan se sinisent chez les fils de Han à la fin du 13e siècle, et ceux de Tamerlan fondent l'empire Moghol en Inde du 16e au 18e siècle. Plus près de nous, durant le haut Moyen Âge, les «barbares» germaniques se font chrétiens tout en imposant un nouvel ordre féodal.

Le triomphe du capitalisme industriel en Europe entraîne

de nouvelles migrations, tant à l'échelle nationale qu'à celle de la planète.

Une première étape, au 16ᵉ siècle, est marquée par la conquête du «nouveau monde» alimentée par des flux migratoires de la péninsule ibérique vers le Mexique et l'Amérique du Sud. Elle aboutit à une économie de pillage, puis d'exploitation minière, sur la base d'une main-d'œuvre indienne maltraitée et souvent massacrée.

Aux 17ᵉ et 18ᵉ siècles, les persécutions religieuses (en particulier au Royaume-Uni) mais aussi des investissements massifs dans l'économie de plantations (sucre, café, tabac…) entraînent de nouvelles migrations européennes vers l'ensemble du continent américain, en même temps que l'instauration de la traite esclavagiste à partir essentiellement de l'Afrique et pour faire face aux besoins de main-d'œuvre de ces plantations. Cette dernière migration, outre son coût humain élevé, présente l'originalité d'être la première migration économique totalement organisée. De plus, elle est à la base de la constitution d'un capitalisme colonial à l'échelle mondiale.

Entre 1800 et 1914, l'expansion du capitalisme industriel repose autant sur l'exploitation de la main-d'œuvre que du capital à partir de l'Europe vers l'ensemble des autres continents. L'émigration européenne est alimentée par une surpopulation absolue à dominante rurale dans les pays peu ou pas industrialisés (Irlande, Italie du Sud, Europe centrale et orientale), mais aussi par une surpopulation relative à dominante urbaine, un prolétariat auquel le capital ne peut fournir de travail régulier (Angleterre, France). Elle est dirigée vers des colonies conquises (Algérie pour la France) dans lesquelles les indigènes deviennent alors des citoyens de seconde zone, ou alors vers des territoires faiblement peuplés (États-Unis, Canada, Australie, Nouvelle-Zélande) dont les premiers occupants font l'objet de génocides.

Cette expansion européenne s'accompagne de rivalités interimpérialistes qui aboutiront aux grandes guerres mondiales du 20ᵉ siècle. Mais le capitalisme européen organise aussi des mouvements migratoires entre les autres continents, par exemple entre les *dominions* de la Couronne britannique. Il est à noter aussi que l'abolition très progressive de l'esclavage correspond dans le temps à la colonisation directe de l'Afrique : la main-d'œuvre africaine sera désormais exploitée sur place, tandis que dans les plantations d'Amérique, Chinois et Indiens prendront le relais avec des contrats temporaires, sous différentes formes contractuelles qui lient le travailleur pieds et poings à son employeur et institutionnalisent la précarité.

La saignée de la Première Guerre mondiale provoque un appel à l'immigration des pays les plus touchés par l'hécatombe, en particulier la France. Les immigrants proviennent de pays européens (Italie, Pologne), mais aussi, et pour la première fois, de pays extra-européens colonisés (Algérie et Indochine pour la France, Inde pour le Royaume-Uni). Les flux migratoires sont toutefois limités par la crise économique des années 1930.

Les destructions et morts de la Seconde Guerre mondiale s'ajoutent aux effets du sous-investissement des années 1930, provoquant un immense besoin de force de travail des entreprises.

Ce qui a pour conséquence tout à la fois :

■ des migrations internes dans le cadre d'un exode rural accéléré par l'« industrialisation » de l'agriculture.

■ le recours massif par la puissance publique à des politiques actives d'immigration à partir des pays ex-coloniaux des anciennes puissances impérialistes européennes. Ces politiques comportent des droits « acquis » pour les immigrés qui seront remis en cause au tournant des années 1970, dans la période suivante, celle de la mondialisation néolibérale.

En définitive, les flux migratoires de l'époque coloniale et postcoloniale auront été entraînés moins par les persécutions religieuses (puritains en Nouvelle-Angleterre) et plus tard politiques (Russes blancs, Italiens antifascistes, Espagnols républicains) que par l'impérialisme économique des puissances industrialisées. Et ces migrations économiques ont pu prendre la forme d'exodes « spontanés » à partir de l'Europe, mais aussi et surtout celle de transferts organisés avec les autres continents ; une immigration choisie en quelque sorte…

Leurs conséquences amorcent et préfigurent celles de la période actuelle :

■ la constitution d'embryons de diasporas (chinoise dans l'ensemble de l'Asie du Sud-Est ; à une échelle moindre, maghrébine en France ou turque en Allemagne), voire de sociétés «créolisées», totalement métissées (dans les Caraïbes et l'océan Indien) ;

■ des interpénétrations culturelles : celles des idéaux démocratiques et socialistes qui, de Bourguiba à Ho Chi Minh, motivent en partie les luttes d'indépendance anticoloniales ; celles des arts dits «premiers» qui bouleversent nos représentations du monde et conduisent à de nouvelles formes d'expression (musiques afro-américaines) ;

■ enfin, dernier héritage de cette période : des images de l'Autre tendant à le nier comme être humain et civilisé (du païen sans âme à christianiser d'office au «bon sauvage» des «Lumières» à protéger à tout prix !) qui perdurent en notre temps de mondialisation néolibérale dans le racisme ordinaire comme dans le paternalisme intégrationniste.

Les migrations du présent : la mondialisation néolibérale

Dans les pays du Sud

Si les migrations précèdent de loin la mondialisation contemporaine, elles sont fortement affectées aujourd'hui par les politiques néolibérales. De façon générale, celles-ci tendent à déréglementer toutes les formes de production et d'échange ; et à instaurer ainsi la loi de la jungle au niveau économique. Cette logique ne peut qu'aboutir au creusement des inégalités entre les pays et groupes sociaux les mieux armés et les autres ; créant ainsi des «appels d'air» de plus en plus violents qui produisent des migrations internes et externes de plus en plus massives.

Mais il convient d'observer de plus près les mécanismes mis en place à la fois dans chacun des grands ensembles de pays et dans chacun des grands secteurs de l'économie pour saisir l'ampleur et les formes des mouvements migratoires actuels.

Dans les pays sous-développés, la destruction des structures agraires traditionnelles, initiée par le colonialisme classique, s'est poursuivie avec la très forte diminution des cultures vivrières, soumises à la concurrence des producteurs du Nord subventionnés et remplacées par des cultures d'exportation aux cours aléatoires, qui sont déterminés dans les pays développés et qui entraînent une précarisation absolue de la paysannerie locale, condamnée à plus ou moins long terme à un exode rural massif.

Que deviennent alors ces déracinés ? Deux cas de figure se présentent. Dans les pays les moins développés d'Afrique, d'Amérique latine et d'Asie, l'absence d'infrastructures et le manque de stabilité politique, qui limitent les investissements étrangers, condamnent cette population à la condition d'un sous-prolétariat misérable dans le cadre d'une économie souterraine alimentée par la contrebande, la contrefaçon, la drogue et la prostitution.

Dans les pays émergents (Inde, Chine), la création de pôles industriels, qui concentrent les délocalisations et investissements venus du Nord, transforme la paysannerie des régions voisines en un prolétariat surexploité dans des conditions qui rappellent celles de l'Europe du 19e siècle.

Par ailleurs, la captation des richesses naturelles du Sud (pétrole, minerais, bois) par les multinationales du Nord, sous l'impulsion des mesures de privatisation, imposées par les institutions financières internationales aux États endettés, prive ceux-ci et leurs populations de leurs ressources majeures, les incitant ainsi à l'exil.

Et ces mêmes institutions, dans le cadre de leurs programmes d'ajustement structurel, exigent que les États du tiers-monde, pour rembourser leur dette, « dégraissent » leur fonction publique, fassent des coupes drastiques dans leurs budgets sociaux et baissent les salaires réels, toutes mesures qui ont pour conséquences licenciements et paupérisation croissante de couches sociales déjà à la limite du minimum vital et qui iront chercher dans un ailleurs plus ou moins lointain les conditions de leur survie.

Mais aussi, l'imposition d'une agriculture productiviste qui appauvrit les sols et réduit le manteau forestier, comme l'exploitation sans frein des ressources minières qui accumule les déchets (quand ceux-ci ne sont pas importés des pays riches), provoquent des catastrophes écologiques, nouveaux moteurs de migrations.

Enfin, l'instrumentalisation des rivalités ethniques et religieuses au sein d'une population prête à tout pour se partager les miettes d'un festin réservé à d'autres entraîne guerres civiles et terrorisme et, avec eux, la masse des réfugiés fuyant les zones de combat.

À ce niveau, il convient de noter que les dirigeants du tiers-monde, encombrés de ces masses misérables, facteurs d'instabilité politique, encouragent le plus souvent et en sous-main leur départ programmé.

Que les migrations contemporaines soient provoquées globalement par le creusement des inégalités Nord-Sud et la paupérisation de populations des pays en voie de développement ne signifie pas pour autant que les individus migrants représentent la fraction la plus démunie de ces populations, ni que ce sont les plus pauvres qui se mettent en mouvement les premiers.

On observe que les bases principales de départ ne sont pas constituées par les régions les plus misérables, et il est manifeste que le facteur économique, la différence de niveaux de vie, est surdéterminé par toute une série d'autres facteurs. La tradition des migrations joue un rôle important : lorsque des communautés migrantes sont établies de longue date dans un pays, l'accueil des nouveaux venus est grandement facilité. De plus, les migrants doivent être en mesure de mobiliser, avec l'aide de leurs familles ou de leurs villages, les sommes importantes nécessaires. Ce qui signifie qu'ils possèdent un capital social ou culturel (aptitudes, formation, savoir-faire) qui les rend crédibles aux yeux de leurs proches ; et leur but n'est donc pas de devenir des « assistés » mais de réussir leur nouvelle vie pour en faire profiter leurs mandants.

Autrement dit, l'immense majorité des migrants sont des gens courageux et déterminés ; sans quoi, ils n'auraient pas tenté l'aventure et seraient restés chez eux.

Et chez nous ?

Dans le même temps, la même logique d'une économie productiviste, qui ne reconnaît que la recherche d'un profit maximum, est à l'œuvre dans les pays du Nord, en suscitant de leur part une demande de travailleurs migrants de deux sortes.

D'abord une main-d'œuvre basique, taillable et corvéable à merci, pour alimenter les chantiers des industries et services non délocalisables (BTP, sociétés de sécurité, restaurants et hôtellerie, etc.) Ces « soutiers » du système seront d'autant plus rentables que, condamnés à la clandestinité, ils ne pourront bénéficier d'aucune protection sociale. Et ils le seront aussi parce qu'ils constitueront une armée de réserve, l'instrument d'un dumping social permanent sur les travailleurs nationaux. On comprend mieux alors l'intérêt que le patronat peut trouver dans la non régularisation des sans-papiers et le jeu de ses représentants politiques, qui attisent racisme et xénophobie au nom de l'identité nationale. On assiste ici à de véritables délocalisations sur place, suivant l'expression d'Emmanuel Terray

À l'autre extrémité du marché du travail, il s'agit d'organiser la « fuite des cerveaux » du Sud en pratiquant la fameuse immigration « choisie ». Là encore, la rentabilité est double, puisque tout ou partie de la formation de ces travailleurs qualifiés aura été faite aux frais des pays en voie de développement et que le bénéfice de leur exploitation en reviendra aux sociétés développées.

L'analyse de l'ensemble des mécanismes moteurs qui dirigent les migrations planétaires à l'ère de la mondialisation néolibérale, non seulement rend illusoire toute politique tendant vers une immigration zéro, mais démontre qu'une telle politique est en parfaite contradiction avec la logique du système. Il est donc faux de réduire la politique des « décideurs » de la mondialisation (firmes multinationales, institutions financières internationales, gouvernements des pays développés) vis-à-vis des migrations de populations Sud-Nord, à une simple tentative pour les interdire et transformer les pays riches en « forteresses » inexpugnables. En effet, ces intervenants majeurs ne sauraient ignorer qu'une telle tentative est vouée à l'échec face à des populations en quête de survie. De plus, les textes et décisions qui en émanent (programmes des partis politiques et des institutions européennes, mesures prônées par le gouvernement étatsunien) proclament ou traduisent la nécessité démographique et économique de telles migrations à leurs yeux.

Leur politique est en fait de les limiter, trier, contrôler, dans le cadre d'une réorganisation du marché du travail à l'échelle planétaire et dans le but d'abaisser les coûts salariaux au profit des revenus du capital. Cette réorganisation tend à distinguer des pays « fournisseurs » de matière humaine (la quasi-totalité de l'Afrique, une grande partie de l'Amérique latine et de l'Asie), des pays de « sous-traitance » ou de « transit » chargés d'arrêter et de concentrer les migrants (Mexique, Maroc, Libye) et des pays « consommateurs » qui viendraient faire leur « marché » chez les précédents (États-Unis, Union européenne). Car, et c'est en définitive l'essentiel aux yeux des dirigeants néolibéraux, les migrants n'ont d'autre statut que celui de marchandise, d'outil de travail à acquérir au moindre prix, objets et non sujets de leur condition, à laquelle est déniée de fait toute humanité. Et pourtant…

Les migrants, acteurs de transformation des sociétés et du monde

Les migrants sont des acteurs de la transformation sociale dans le pays d'accueil et dans le pays d'origine. Les migrations sont déterminées par les fondements de la phase actuelle de la mondialisation : les inégalités sociales et les discriminations, les inégalités entre les pays et la domination du Sud par le Nord. Les migrants sont au cœur de ces questions, mais ils ne se contentent pas de les subir. Ils développent des pratiques qui sont aussi des réponses à ces situations. Dans des conditions difficiles, ils ouvrent de nouvelles voies à l'évolution des sociétés. Inutile de rappeler ici la contribution du travail des migrants à la richesse des sociétés qui les accueillent ; même s'ils en sont bien mal récompensés. Ils participent de mille autres manières à l'évolution de ces sociétés, à leurs équilibres démographiques et sociaux, à leur diversité et à leur enrichissement culturel.

Les migrants sont les acteurs de la transformation de leur société d'origine. En premier lieu par l'argent qu'ils y envoient. Même si l'évaluation de ces sommes diffère, elles sont considérables. La Commission mondiale sur les migrations internationales cite le chiffre de 150 milliards de dollars transférés par des moyens réguliers en 2004, mais émet l'hypothèse qu'il s'y ajoute peut-être 300 milliards transférés de manière informelle. Elle constate qu'ainsi les seuls transferts de fonds officiels «*représentent près du triple de la valeur de l'aide publique au développement*[1]».

La Banque mondiale, en 2006, estime les transferts officiels de fonds des migrants à 204 milliards de dollars, soit, selon elle, le double de l'aide publique au développement (dont le montant peut lui-même être contesté suivant ce qu'on y inclut) et ajoute à son tour: «*Si l'on tient compte des fonds envoyés par des voies informelles, le montant réel serait beaucoup plus élevé.*»

Les investissements directs étrangers sont certes supérieurs, mais ceux-ci sont concentrés sur quelques pays et, pour beaucoup de pays pauvres, l'apport financier des migrants est considérable: il représente 23% du PIB de la Jordanie et 25% de celui du Liban. Ainsi, cet apport a un impact considérable sur la balance des paiements de certains pays et contribue à réduire leur déficit d'épargne intérieure. Dans le cas de l'Égypte, par exemple, les transferts représentent 32% en moyenne des recettes d'exportations de biens et de services du pays et près de 24% de ses importations. Toutefois, Denis Cogneau et Flore Guibert, dans leur contribution à l'ouvrage *Les nouvelles migrations: un enjeu Nord-Sud de la mondialisation,* soulignent

> «qu'à côté du rôle positif qu'ils peuvent jouer dans le financement des importations et de l'investissement, la situation de dépendance et donc de vulnérabilité dans laquelle ils placent les pays est parfois dénoncée. Les envois de fonds peuvent en effet provoquer une augmentation de la demande de biens d'importation au détriment de

---

1. Commission mondiale sur les migrations internationales, *Les migrations dans un monde interconnecté: nouvelles perspectives d'action*, octobre 2005, www.gcim.org.

biens produits localement et, ce faisant, ne pas avoir d'effet multiplicateur sur l'économie, ils peuvent également être source d'inflation[2] ».

L'impact sur le niveau de vie des bénéficiaires est certes très net. Ainsi, un rapport de la Banque mondiale de 2005 souligne qu'au Guatemala «*ces transferts représentent plus de la moitié des revenus des 10 % de la population constitués par les ménages les plus pauvres du pays*[3] ». Notamment, ces transferts permettent bien souvent d'assurer la scolarisation et les soins de santé dans les pays où ceux-ci ne sont pas gratuits.

En revanche, leur impact sur le développement économique des collectivités concernées dépend de la place qui est faite, dans ces transferts de fonds, aux investissements productifs. C'est en ce sens qu'œuvrent des associations de migrants qui investissent dans des projets de développement dans leur région d'origine. Il n'en reste pas moins qu'aujourd'hui encore, l'apport au développement des transferts de fonds des migrants consiste principalement, et d'une façon significative, à améliorer la scolarisation et la santé dans les collectivités d'origine, tandis que Franck Seuret, dans un article paru en octobre 2007 dans *Alternatives économiques*, estimait que seulement 10 % des transferts des immigrés installés en France à destination des pays d'origine concernaient des investissements économiques.

Pour sa part, Philippe de Fontaine Vive estime, en octobre 2007[4], que ces transferts sont affectés pour 51 % à la consommation des ménages, 18 % à l'éducation et à la santé et 14 % au logement.

Quoi qu'il en soit, les migrants ont esquissé des réponses, certes partielles, mais très intéressantes à la conception dominante du développement. Elles sont en effet inscrites dans une conception endogène du développement. Elles

---

2. D. Cogneau & F. Guibert, «Migrations du sud et réduction de la pauvreté : des effets ambigus pour les pays de départ» *in* M. El Mouhoud (dir.), *Les nouvelles migrations un enjeu Nord/Sud de la mondialisation*, Paris, Encyclopædia Universalis, 2006.
3. Banque mondiale, «Migrations internationales : envoi de fonds et exode des compétences», Washington, 2005.
4. *L'Économiste maghrébin*, 11 octobre 2007.

concernent, au premier chef, le développement local, la mobilisation de l'épargne domestique, la création de services locaux de proximité dans les villages et les quartiers, l'élévation du niveau de qualification et d'ouverture des groupes locaux. Elles correspondent à une demande populaire et à une dynamique interne.

Les migrants sont aussi des acteurs des rapports internationaux et de la transformation du monde. Ils sont porteurs des rapports entre les sociétés, à travers les diasporas qu'ils constituent, et d'une valeur nouvelle, la solidarité internationale entre les sociétés et les citoyens. Les migrants sont un vecteur stratégique et privilégié de la sensibilisation des sociétés à la solidarité internationale en France, en Europe et dans les pays d'origine. Les enjeux sont multiples. Dans le cas de la France, c'est permettre à une partie importante de la population française et vivant en France de s'investir activement dans les actions de solidarité internationale. S'appuyer sur la richesse et la diversité des habitants et des citoyens d'un pays, c'est ancrer la solidarité internationale dans la réalité des quartiers, des communes et des régions; c'est construire un niveau supérieur d'identité et d'unité dans ce pays; c'est l'ouvrir au monde. La coopération des migrants illustre de mille façons l'intérêt et le rôle stratégique du partenariat entre des groupes et des associations, objectif et moyen de la coopération entre les sociétés comme alternative à un système international fondé sur la domination.

3
Le rejet des migrants et l'Europe forteresse

Ceuta, Melilla, Lampedusa, les Canaries, la litanie des lieux où s'affrontent migrants et autorités européennes, où souvent des migrants meurent, évolue, gonfle et s'égrène dans la presse, équivalent pour notre continent du Rio Grande américain.

Car l'Union européenne entend contrôler les migrations afin de sélectionner les immigrants sur le seul critère de leur intérêt pour les pays d'accueil, sans tenir compte des aspirations et des besoins des candidats à l'immigration.

Dès novembre 2004, Catherine Wihtol de Wenden pouvait déclarer dans une conférence à l'Université d'automne organisée par le Centre académique pour la valorisation des élèves nouvellement arrivés et voyageurs (Casnav) de l'académie de Créteil :

> «Partout en Europe, la migration de masse est considérée comme une exception historique, au séjour provisoire, avec vocation éventuelle au retour, malgré la sédentarisation du plus grand nombre. Les politiques d'entrée s'inspirent de cette réticence à reconnaître la légitimité de la présence étrangère : pressions de l'opinion publique, manifestations de xénophobie, crainte endémique d'une invasion venue du Sud et de l'Est. Aussi, presque tous les pays d'immigration européens qui ont suspendu leurs entrées de main-d'œuvre salariée en 1973 (Allemagne) et 1974 (précédés par le Royaume-Uni en 1962) ont modifié leurs législations dans un sens restrictif, et les ont mises à l'heure européenne à la fin des années 1980 et au cours des années 1990, tandis que les nouveaux pays d'accueil se sont dotés de politiques migratoires à la même période (Italie, Espagne, Portugal, Grèce.) Le contrôle s'est renforcé non seulement à l'entrée (système des visas mis en œuvre à partir de 1986 en application des accords de Schengen de 1985, sanctions contre les transporteurs de passagers, système d'information Schengen contre les clandestins récidivistes tentant de

franchir à plusieurs reprises les frontières de la "forteresse Europe") mais aussi à distance (accords de réadmission en vertu desquels les États non européens, frontaliers de l'UE, s'engagent à reprendre sur leur territoire les clandestins dont on a pu établir qu'ils étaient leurs ressortissants ou qu'ils avaient transité par chez eux).»

Et, lors de l'élargissement à l'Est, l'Union a imposé aux nouveaux États ses mesures de restriction de l'immigration, avec l'instauration de visas pour les pays voisins et la mise en place d'une surveillance très développée des nouvelles frontières de l'UE. C'est ainsi que le Conseil européen de Copenhague, qui a entériné en 2002 l'adhésion de dix nouveaux États, a prévu un effort financier de 920 millions d'euros pour la période 2004-2006, afin de les aider à remplir les obligations de Schengen de contrôle des frontières, tandis que le Conseil européen de Thessalonique, les 19 et 20 juin 2003, a décidé d'affecter 140 millions d'euros à la création d'une base de données sur les visas et à des projets de coopération aux frontières.

Une politique qui porte atteinte aux droits de l'homme

Ainsi se trouve mise en cause la liberté de circulation des ressortissants des pays «à risque migratoire», alors que la liberté de circulation est un droit fondamental. La Déclaration universelle des droits de l'homme proclame, dans son article 13 : «*Toute personne a le droit de quitter tout pays, y compris le sien, et de revenir dans son pays.*» Ce droit n'a plus guère de sens dès lors que les pays de destination refusent d'accueillir les migrants. Plus encore, pour lutter contre l'immigration illégale, l'UE a obtenu du Maroc que la loi de 2003 sur l'asile et l'immigration prévoie, dans son article 50, de punir d'amende et/ou d'emprisonnement toute personne qui quitterait clandestinement le pays, en violation flagrante de l'article 13 évoqué plus haut. La liberté de circulation n'est pas le seul droit fondamental que cette politique remet en cause, c'est aussi le cas du droit de vivre en famille et de celui de fuir les persécutions. Les conventions internationales auxquelles la France a adhéré l'obligent à respecter ces droits, mais elle va le faire, après les nombreuses réformes successives du droit des étrangers, de façon très restrictive.

Bon an mal an, environ 10 % des demandeurs d'asile obtiennent le statut de réfugié. C'est peu. Y aurait-il 90 % de fraudeurs qui ne risqueraient en fait aucune persécution dans leur pays ? Toute personne qui a suivi les séances de la Commission de recours des réfugiés sait que les décisions d'accorder ou non le statut de réfugié est, le plus souvent, aléatoire. Naturellement, le demandeur d'asile présentera un dossier plausible et qui justifie qu'on lui accorde ce statut. Le problème est de savoir si son récit est vrai. Et cela, on n'en sait rien, et on n'a pas les moyens de le savoir, le plus souvent. Un article paru dans *L'Express* témoigne du malaise d'une fonctionnaire de l'Office français de protection des réfugiés et apatrides (OFPRA), chargée d'instruire les demandes :

> « Le jour du premier entretien arrive. Une question m'obsède : comment vais-je démêler le vrai du faux ? Suis-je assez informée pour poser les bonnes questions et déterminer si le demandeur dit la vérité ? Et où trouver l'information ? Sur Internet ? Impossible : nos terminaux ne sont pas connectés. Auprès de nos anciens collègues ? Difficile : nous avons ordre de ne pas les déranger. À la documentation ? Compliqué : la bibliothèque est ridiculement petite et les documentalistes sont trop peu nombreux. Quant à solliciter les Affaires étrangères, notre ministère de tutelle, j'ai vite abandonné l'idée après l'avoir soumise à mon chef : "Vous n'y pensez pas." Le débat était clos[1]. »

Ainsi, ceux qui connaissent le fonctionnement de la Commission des recours des réfugiés estiment que seul un avocat connaissant bien le sujet peut faire aboutir un dossier. En clair, les victimes de persécutions qui n'ont pas un bon avocat n'auront pas le statut de réfugié politique.

Ce qui est frappant, sur ce problème, c'est que l'État français n'est absolument pas préoccupé par la mauvaise instruction des dossiers. Lorsqu'il a cherché à améliorer le fonctionnement de l'OFPRA, son objectif a toujours été d'accélérer les délais de l'instruction des dossiers, et non

---

1. C. Le Gall, « Je ne veux plus trier les réfugiés », *L'Express*, 19 janvier 2006.

pas sa qualité. Tout au contraire, deux mesures témoignent de l'absence d'intérêt à avoir des moyens d'instruire avec pertinence les dossiers. À la Commission de recours des réfugiés, seuls ceux qui ont pénétré régulièrement en France ont droit à l'aide judiciaire, donc à avoir un avocat gratuitement. Or, seuls 15 % des demandeurs d'asile arrivent en France avec un visa. Et nous avons vu que le concours d'un avocat est indispensable pour gagner son recours. D'autre part, les délais pour déposer son dossier à l'OFPRA ont été réduits d'un mois à trois semaines. Compte tenu que la rédaction de ce dossier est bien souvent difficile, nécessite l'aide d'associations spécialisées de bénévoles qui ne tiennent que des permanences hebdomadaires et qui ont besoin de temps pour que le récit du demandeur, confus au début, dégage les éléments pertinents, ce raccourcissement de délai pose problème. Pourtant, on pourrait croire que la recherche de la vérité pousserait à vouloir des dossiers bien élaborés, donc à accorder des délais pour y arriver !

Ainsi donc, l'impression prévaut, en étudiant les procédures du droit d'asile que, si l'État français tient à respecter ses engagements internationaux qui l'obligent à reconnaître ce droit, en pratique, il attache peu de prix à ce que tous les persécutés puissent obtenir l'asile et beaucoup plus à ce que le droit d'asile n'amène pas à accueillir en France un nombre trop important d'étrangers.

Il en est de même du droit de vivre en famille. Un étranger résidant régulièrement en France, ayant des ressources et un logement suffisants, a le droit de faire venir sa famille. Mais depuis plusieurs années, des lois successives ont restreint ce droit. C'est ainsi que la loi du 24 juillet 2006 impose un délai de dix-huit mois, au lieu d'un an antérieurement, à l'étranger en situation régulière pour faire venir sa famille. Alors commence un véritable parcours du combattant, le dossier de regroupement familial prenant plusieurs mois pour aboutir à la délivrance des visas. De plus, dans les pays où l'état-civil est défectueux, il faut s'attendre à une contestation de ces actes par les consulats, qui refuseront en conséquence la délivrance des visas ou exigeront des contrôles génétiques (tests ADN) pourtant contraires à la loi de bioéthique de 1994, confirmée en 2004. Enfin, la loi du 20 novembre

2007 prévoit que, faute d'une connaissance suffisante de la langue française, des stages linguistiques devront être suivis avant le départ pour la France, ce qui ajoute aux difficultés du regroupement familial.

Il ne faut pas s'étonner, dans ces conditions, que les résidents fassent venir leur famille hors de la procédure du regroupement familial. Mais il leur est alors interdit de régulariser leur situation, et l'administration demande à la famille de retourner au pays pour attendre l'aboutissement de la procédure de regroupement familial. De même, si le résident (ou la résidente) se marie avec une personne sans-papiers ou s'il la fait venir avec un visa de tourisme pour se marier, l'administration, en application de la loi, exigera le retour au pays d'origine du conjoint ou de la conjointe pour engager la procédure du regroupement familial.

Ainsi, on arrive à la situation où nombre de conjoints ayant droit au regroupement familial résident en France en situation irrégulière. Un(e) Français(e) a le droit de vivre avec un conjoint étranger dès lors qu'ils sont mariés ; cependant, s'il était auparavant sans papier, le conjoint n'obtiendra une carte de séjour qu'après six mois de vie commune et, pendant ces six mois, sera donc en situation irrégulière. Encore faut-il qu'il puisse prouver qu'il est entré régulièrement en France ! Sinon, il devra retourner dans son pays d'origine pour solliciter un visa comme conjoint de Français, dans les conditions difficiles que nous avons déjà évoquées. Non seulement ce sort est imposé aux étrangers entrés irrégulièrement en France, mais aussi aux étrangers n'étant plus en possession du passeport où figurait ce visa, les consulats refusant de faire des recherches pour déterminer si un visa a été accordé à l'étranger.

On pourrait aussi mentionner les difficultés de nombreux étrangers à obtenir des visas pour venir se marier en France. L'atteinte à la vie familiale concerne également les membres de familles ayant quitté la France, ainsi des étrangers nés en France et ayant vécu en France toute leur jeunesse, dont toute la famille est en France, et repartis dans leur pays d'origine pour s'y marier. Ceux d'entre eux dont le mariage échoue ne peuvent plus revenir vivre avec leur famille en France après trois ans d'absence, ayant perdu tout droit à une carte de séjour. Autre exemple : les parents d'enfants français majeurs peuvent rejoindre en France leurs enfants, à condition d'être à leur charge. S'ils disposent de revenus propres, ils ne pourront pas venir vivre avec leurs enfants.

Une politique bloquant les mouvements traditionnels de population

Un autre effet dommageable de cette politique, d'un autre ordre, est la rupture des mouvements naturels de populations. L'imposition de visas, accordés restrictivement, va casser des mouvements traditionnels anciens de population. Anne de Tinguy, en 2001, a fort bien analysé ce phénomène sur les nouvelles frontières à l'est de l'Union européenne. Reprenant ses conclusions dans une intervention portant sur les flux migratoires légaux et illégaux en provenance de Russie et d'Ukraine, elle insistait sur les flux de migrants interrégionaux :

> « [Ils] sont très largement temporaires, pendulaires, frontaliers, circulatoires. Ces mouvements, qui sont nés avec l'ouverture du rideau de fer, se sont beaucoup développés depuis le début des années 1990 : ils sont à l'origine d'un nouvel espace migratoire en Europe centrale et orientale, ils jouent un rôle très important en Russie, en Ukraine et dans d'autres États issus de l'ex-URSS, permettant à des millions d'individus de trouver les moyens de subvenir à leurs besoins. Les mouvements de travailleurs, liés aux difficultés économiques de ces États, aux différentiels de salaires à l'intérieur de la zone et à l'attraction désormais exercée par le marché du travail de certains pays d'Europe centrale (République tchèque, Pologne) sont très nourris depuis plusieurs années.
>
> Certains se font dans un cadre légal, d'autres non. Beaucoup correspondent à une intégration régionale. En République tchèque, par exemple, les Ukrainiens sont devenus, au milieu des années 1990, en l'espace d'environ deux ans, une main-d'œuvre incontournable dans certains secteurs comme le bâtiment, migrant pour la plupart de façon pendulaire, en laissant leurs familles en Ukraine. Ils seraient en 2000 quelque 200 000 à y travailler illégalement. En Pologne, selon les estimations, il y aurait en permanence entre 150 000 et 300 000 étrangers, venant pour la plupart

de la CEI, en situation irrégulière. Ces mouvements s'étendent aujourd'hui à plusieurs pays de l'UE[2]. »

Quant aux migrations pendulaires, Anne de Tinguy les présente ainsi dans son article :

« Des migrations pendulaires dites "de valise", sous couvert de tourisme, se sont développées de façon spectaculaire depuis la fin des années 1980, tout d'abord entre l'Allemagne et la Pologne, puis entre les pays de l'ancienne Union soviétique et leurs voisins polonais, turcs, chinois et autres. En 1999, douze millions de personnes sont entrées en Pologne à partir de la Russie, de l'Ukraine et de la Biélorussie : une grande partie d'entre elles sont des commerçants "de valise". Les ressortissants de ces trois pays ont été, tout au long des années 1990, probablement plusieurs millions à trouver les moyens de subvenir à leurs besoins et à ceux de leurs familles dans cette migration pendulaire. Installés dans une mobilité permanente, ces hommes-navettes traversent plusieurs fois par an la frontière dans les deux sens avec un objectif : acheter, vendre, faire de l'argent. Vivant ainsi à cheval sur plusieurs pays, ils profitent des avantages de l'un comme de l'autre. En 2000, ce sont plus de 20 000 Ukrainiens qui traversent quotidiennement la frontière pour se livrer à ces activités ou pour travailler[3]. »

Or, l'entrée des pays de l'Est dans l'Union européenne s'est accompagnée de l'obligation de mettre en place à leurs frontières la politique restrictive européenne d'entrées pour leurs voisins non membres de l'Union, notamment en imposant fréquemment l'obtention de visas. Il en résulte une crise latente dans cette région du monde. Citons, à nouveau, Anne de Tinguy :

« La nouvelle frontière Schengen bouscule déjà les processus d'intégration régionale. Elle complique les relations diplomatiques entre les pays de l'Europe centrale et leurs voisins de l'Est et du Sud-Est, mettant les premiers en porte-à-faux par rapport à leurs politiques à l'Est. Obligés de choisir entre leur politique européenne et leurs amitiés

2. A. de Tinguy, « L'élargissement à l'est de l'Union : un nouveau défi pour l'Europe réunifiée », *Hommes et migrations,* n° 1230, mars-avril 2001.
3. *Ibid.*

orientales, ils n'hésitent guère, mais agissent à regret. Le président polonais Kwasniewski, soutenu par son opinion publique, a mis à plusieurs reprises ses partenaires de l'UE en garde contre la construction d'un "nouveau rideau de fer", et refuse d'imposer des visas aux ressortissants ukrainiens avant l'adhésion. Les régimes de visas qui se mettent en place provoquent des tensions entre les États concernés. La Russie a immédiatement imposé des visas aux États qui en exigent de ses ressortissants et l'Ukraine a annulé en octobre 2000 l'accord de réadmission qui la liait à la Slovaquie.

La nouvelle frontière fragilise par ailleurs les coopérations régionales, celles qui s'étaient développées dans différents domaines au niveau des acteurs locaux et des individus. Elle est un frein aux contacts personnels, qui ont joué un rôle très important dans l'amélioration des relations entre certains des pays de la région, notamment entre la Pologne et l'Ukraine. Elle limite la circulation des personnes, entravant de ce fait les relations commerciales, formelles et informelles, notamment le commerce "de valise" qui est, on l'a dit, une véritable soupape de sécurité pour les populations russe, ukrainienne et biélorusse. Le coût social d'une diminution de ces activités informelles risque d'être élevé. Pour les minorités nationales, la nouvelle frontière aura aussi des conséquences : trois millions de Hongrois vivent dans la région hors des frontières de la Hongrie et sont naturellement très nombreux à avoir des liens privilégiés avec ce pays. Si aucune solution n'est trouvée, la stabilité régionale risque d'être ébranlée. Le traité d'Amsterdam n'envisage pas de reprise différenciée de l'acquis. Une stratégie régionale visant à rendre compatible l'adhésion et les liens régionaux existant apparaît cependant nécessaire[4].»

Le développement des pays d'origine n'est pas une alternative aux migrations

Les partisans d'une politique de fermeture des frontières aux migrants proposent comme alternative le développement des pays d'origine. Cette proposition est séduisante. Certes, dans leur grande majorité, les migrants resteraient dans leur région s'ils pouvaient y vivre de façon satisfaisante.

---

4. *Ibid.*

Certes, toute politique économique mondiale doit avoir pour objectif de développer les pays pauvres, qu'ils soient pourvoyeurs ou pas de migrants.

Mais peut-on aujourd'hui justifier une politique de fermeture des frontières en arguant qu'on va s'efforcer que les pays pauvres se développent?

Celui qui décide d'émigrer le fait pour apporter une réponse aux problèmes dans le cadre de sa vie d'adulte, soit à un horizon d'une dizaine d'années. Il faudrait donc que le projet de développement aboutisse à une croissance importante dans ce laps de temps.

De plus, pour qu'il n'y ait pas migration, il faudrait que le développement concerne la zone géographique restreinte où l'individu vit. S'il doit migrer, il ne choisira en effet pas forcément d'aller dans les pôles de développement de son pays, même s'ils sont dynamiques, mais là où il estimera que sa présence lui rapportera le plus. Les ruraux marocains savent qu'il est plus avantageux de migrer en Europe que de travailler dans les villes marocaines, et l'extraordinaire développement des zones de prospérité chinoises n'empêche pas la croissance de l'immigration chinoise en France (ou en Afrique).

Ainsi donc, le projet de développement qui constitue une alternative à la migration devrait l'assurer au niveau local. Ce projet, de plus, devrait assurer deux éléments : un niveau économique satisfaisant et la fourniture de biens et services vitaux : eau potable, moyens de communication, santé, éducation, donc l'existence de services publics de qualité.

Des actions sont entreprises pour assurer un développement local qui répondrait à ces exigences, et il n'est donc pas illusoire de penser qu'il y a effectivement des politiques possibles qui amèneraient au tarissement des migrations de masse. Mais force est de constater que ces politiques restent marginales aujourd'hui, comme le soulignait Gustave Massiah, dans son article «Migrations, coopération et développement», paru en 2002 dans *Grain de sable* :

> «Le développement local était marginalisé dans les conceptions du développement, industrialisantes et sectorielles, qui ont prévalu dans les années 1960. Aujourd'hui, le développement local est subordonné à la nouvelle conception

du développement, celle des plans d'ajustement structurel. Dans ce cadre, le développement local est remisé aux rayons de dimensions sociales de l'ajustement, il sert au mieux de correctif. Quel sens et quelle chance peut avoir le développement local quand le marché intérieur doit le céder à l'exportation, l'investissement national et local à l'investissement international[5] ? »

Actuellement, le modèle de développement mis en application, dans le cadre de la mondialisation libérale, est celui de la libéralisation des échanges commerciaux et financiers. Suivant sa doctrine, la suppression des barrières aux échanges commerciaux libère le flux des marchandises et permet aux pays de départ d'exporter les biens pour lesquels ils disposent d'un avantage comparatif, ce que Mouhoub El Mouhoud illustre par cette image :

« Dans cette logique, les migrants marocains candidats à l'émigration pour des raisons économiques seraient moins incités à partir si le Maroc pouvait produire et exporter plus de tomates, d'agrumes, de textiles, de vêtements sur les marchés européens et des autres pays du Nord[6]. »

Ce dernier a précisément étudié les effets de cette politique dans l'ouvrage qu'il a dirigé, *Les nouvelles migrations, un enjeu Nord-Sud de la mondialisation*. S'il montre que les effets de cette politique peuvent différer suivant les conditions, la plus ou moins grande brutalité, de cette libéralisation des échanges, il met néanmoins en exergue les limites de cette politique sur le tarissement des migrations, en supposant même, ce qui est loin d'être toujours le cas, que le pays concerné dispose d'avantages comparatifs suffisants sur le marché mondial et susceptibles d'attirer des investissements.

D'une part, dans le cadre de la libéralisation des échanges, des secteurs économiques entiers ne pourront pas résister aux importations, ce qui aura pour effet d'accroître le chômage. D'autant plus que la main-d'œuvre ainsi mise en chômage ne pourra pas forcément être réutilisée dans les

---

5. G. Massiah «Migrations, coopération et développement», *Le Grain de sable,* n° 345-346, 2 juillet 2002.
6. M. El Mouhoud (dir.), *Les nouvelles migrations, un enjeu Nord/Sud de la mondialisation*, Paris, Encyclopædia Universalis, 2006.

secteurs en expansion. Dès lors, elle cherchera à émigrer, ce qui fait dire à Mouhoub El Mouhoub : « *La libéralisation des échanges est alors complémentaire des migrations internationales.* » En outre, les facteurs qui poussent les gens à partir sont aussi affectés par la mondialisation et l'ouverture commerciale. Il n'y a pas que les différences de salaires et d'emploi entre pays de départ et pays potentiels d'accueil des migrants qui les incitent à partir. Entre en ligne de compte aussi le coût de mobilité (coût des transports, coûts d'information, politiques restrictives, voire prohibitives…). L'ouverture commerciale et la mondialisation peuvent, par exemple, réduire les coûts de mobilité pour les qualifiés en particulier, indépendamment des différences internationales de salaires et de chômage. Dès lors, la mondialisation, l'ouverture commerciale et les migrations internationales sont, selon El Mouhoub, davantage complémentaires que substituables[7]. Ce phénomène est particulièrement inquiétant lorsque la libéralisation des échanges concurrence les productions agricoles locales, forçant à l'émigration des masses de ruraux qui ne trouvent pas à s'employer dans des industries ou des mines, parfois peu créatrices d'emplois.

De plus, la libéralisation des échanges, supprimant les droits de douane, prive les États les moins avancés d'une somme importante de revenus, d'où une détérioration de la qualité des services publics, qui amène à la fois les populations à désirer émigrer pour trouver ailleurs des conditions d'éducation et de santé satisfaisantes et les capitaux étrangers à ne pas investir, faute d'infrastructures satisfaisantes et de conditions d'accueil des expatriés acceptables.

Ainsi, Mouhoud El Mouhoub, au terme de son étude bien plus complète que ce qui est présenté ci-dessus, conclut :

> « La mondialisation se traduit dans les faits par une marginalisation des pays du Sud dont les seuls avantages résident dans la disponibilité d'avantages naturels (main-d'œuvre à faible coût, ressources naturelles). En revanche, c'est souvent grâce aux liens que les migrants entretiennent avec leur pays d'origine que les pays du Sud parviennent

---

7. *Ibid.* ; et M. El Mouhoub & J. Oudinet, *L'Europe et ses migrants : ouverture ou repli*, Paris, l'Harmattan 2007.

à maintenir une insertion dans l'économie mondiale, ou plutôt dans les zones régionales intégrées.»

Ces conclusions rejoignent celles de l'OCDE, notamment lors de sa conférence de Madrid de 1993, que présente ainsi Catherine Wihtol de Wenden dans le livre *Faut-il ouvrir les frontières?*:

«Les conclusions portant sur les relations entre les échanges commerciaux, les migrants et le développement sont doubles: si la migration est avant tout une réponse à des différences importantes de revenu et d'emploi, et si l'ouverture aux échanges et aux capitaux augmente le revenu et le bien-être de tous, il y aura une diminution de l'incitation à partir. Si la migration est due à une rupture de l'équilibre démographique et économique qui se produit lorsque le développement est annoncé, la mobilité interne tendra à sortir des frontières: développement et migration vont de pair. Les deux thèses se concilient si l'on introduit la dimension temporelle: "dans le court et le moyen terme, le développement initialement favorisé par le processus d'ouverture accroît l'incitation à émigrer; mais, dans le long terme, le développement économique améliore le niveau de vie et rend l'émigration moins avantageuse" (OCDE 1994). S'appuyant sur des études de cas, les experts de l'OCDE constatent que la relation la plus fréquente rencontrée entre une libéralisation des échanges et les flux migratoires est de type complémentaire et non substituable. Certains se demandent même si la réduction des flux migratoires est un objectif légitime "compte tenu des effets bénéfiques que peuvent exercer l'un sur l'autre migration et développement, ainsi que sur les valeurs humanistes essentielles qui sont en jeu"[8].»

Le codéveloppement: une promesse en trompe-l'œil

Depuis des dizaines d'années, chaque fois qu'un gouvernement français a introduit une législation pour décourager l'émigration en rendant la vie des migrants encore plus pénible, il a annoncé en trompe-l'œil, la promesse de promouvoir le «codéveloppement» des pays dont sont originaires

---

8. C. Wihtol de Wenden, *Faut-il ouvrir les frontières?*, Paris, Presses de sciences politiques, 1999.

les immigrants. Dès 1997, sous le gouvernement Jospin, a été créée une Délégation interministérielle au codéveloppement et à la gestion des flux migratoires.

Or cet affichage n'a été suivi d'aucun effet. Une très importante question se pose : quel est le budget que le gouvernement français – qui par ailleurs se dégage partout en faveur du secteur privé – consacre à promouvoir l'emploi dans les pays du tiers-monde ? Force est de constater que le gouvernement, fidèle à sa politique libérale, ne veut rien payer lui-même et entend seulement canaliser les sommes que certains immigrés veulent consacrer à l'essor industriel de leurs pays d'origine en leur fournissant certains avantages. À moins que l'on présente les délocalisations comme une action de codéveloppement…

4

A-t-on raison de s'opposer à l'immigration ?

«*La France ne peut accueillir toute la misère du monde mais elle doit savoir en prendre fidèlement sa part.*» Cette phrase, prononcée par Michel Rocard en 1990 à une assemblée de la Cimade, isolée de son contexte (ce qui en a, d'après son auteur, déformé la signification), a été largement reprise par une certaine opinion qui, certes, s'apitoie sur le sort malheureux des immigrés et sur la misère qu'ils fuient, mais estime, au nom du réalisme, qu'on ne saurait les accueillir massivement, car notre société tremblerait sur ses bases s'il en était ainsi. D'une part, économiquement, le chômage exploserait, d'autre part, notre identité nationale serait mise en péril.

Il y a déjà tant d'immigrés à intégrer ! Commençons d'abord par le faire avant de songer à en accueillir d'autres. Ce sont tous ces arguments qu'il importe d'étudier ici.

L'immigration est-elle une menace pour notre économie ?

L'immigration aggrave-t-elle le chômage, crée-t-elle une pression à la baisse des salaires ? Les études menées sur ce sujet sont fort bien synthétisées dans le rapport du ministère français de l'économie et des finances de janvier 2006 :

«Le résultat principal, tiré des observations théoriques et empiriques, est que l'immigration a un effet mécanique positif sur l'activité et la croissance, sans conséquence majeure sur le PIB/tête. En revanche, l'immigration crée un léger effet dépressif soit sur les salaires, soit sur le taux d'emploi du pays d'accueil. Cependant, ces effets négatifs se trouvent réduits, voire compensés, si la main-d'œuvre immigrée possède des compétences complémentaires à celles de la main-d'œuvre autochtone[1].»

---

1. Ministère de l'économie, des finances et de l'industrie, «Immigration sélective et besoins de l'économie française», rapport, janvier 2006, http://

Reprenons ces différents points.

L'augmentation de la population due à l'immigration augmente la consommation nationale en biens et services, et donc la production. Les études menées sur ce sujet concluent que l'immigration ne modifie pas le produit intérieur brut par habitant. Par conséquent, globalement, l'immigration n'a pratiquement pas d'effet sur le niveau de chômage ou des salaires.

Toutefois, cette appréciation globale ne doit pas cacher qu'il y a une pression à la hausse du chômage ou à la baisse des rémunérations pour les résidents qui se trouvent directement en concurrence avec les immigrés. Et pourtant, cette constatation, facile à concevoir théoriquement, ne se traduit pas dans les statistiques : «*Le faible effet négatif affectant les travailleurs occupant des emplois concurrents dans les modèles théoriques n'est pas confirmé par les études empiriques. Les impacts obtenus pour les États-Unis, la France, le Royaume-Uni et les Pays-Bas sont négligeables, qu'ils soient positifs pour les facteurs complémentaires ou négatifs pour les facteurs substituables*», écrit Joël Oudinet[2].

Cela s'explique par le fait que la concurrence est faible entre travailleurs résidents et étrangers. D'une part, un certain nombre d'immigrés travaillent dans des secteurs propres qui ne sont pas en concurrence avec les secteurs autochtones. Les confectionneurs chinois de la rue Popincourt (à Paris), vendant en gros des vêtements dans l'Europe entière, constituent un secteur économique autonome. S'ils étaient amenés à quitter la France, ils ne seraient pas remplacés par des natifs, mais iraient ailleurs installer leur confection. On peut de même constater que les pâtissiers tunisiens ne sont pas en concurrence avec la pâtisserie française. Le consommateur cherche une friandise orientale et, s'il ne la trouve pas, il n'achètera pas pour autant un éclair au chocolat !

D'autre part, les migrants travaillent dans les secteurs en expansion qui, souvent, peinent à trouver de la main-d'œuvre : services de sécurité, d'aide à la personne, hôtellerie-

---

lesrapports.ladocumentationfrancaise.fr/BRP/064000160/0000.pdf.
2. «Les nouvelles migrations : un enjeu Nord/Sud de la mondialisation», *op. cit.*

restauration. Dès lors, ils ne prennent pas leur travail aux résidents, mais atténuent le volume d'embauche de ces derniers dans ces secteurs en expansion. Il est donc exact que les résidents trouveront moins d'emplois dans de tels secteurs que s'il n'y avait pas eu de migrants, mais, comme l'immigration crée globalement des emplois, proportionnellement à son importance, les résidents trouveront du travail dans d'autres secteurs, par exemple dans les services publics et les commerces dopés par l'arrivée de cette nouvelle population.

En conclusion, nous pouvons faire nôtres ces conclusions du rapport «Immigration, emploi et chômage» de 1999 du Conseil de l'emploi, des revenus et de la cohésion sociale (CERC):

> «Si les responsables politiques sont unanimes pour lier étroitement politique de l'immigration et situation du marché du travail, la théorie économique et les analyses empiriques ne sauraient étayer un tel consensus. La place de l'immigration dans le débat politique ne s'explique pas par son impact économique réel, mais par les craintes de déclassement ressenties par les catégories les plus menacées par la crise économique. L'instrumentalisation de ces peurs par le personnel politique en renforce la visibilité sociale, tout en permettant de contribuer à la gestion des tensions politiques dans le pays d'accueil[3].»

Aujourd'hui, les vraies menaces sur l'emploi et les salaires ne résident pas dans l'immigration, mais dans le travail au noir, alimenté pour une certaine part par l'immigration clandestine qui, faute de pouvoir obtenir des titres de séjour, est bien obligée de travailler sans couverture sociale et sans droits à opposer à ses employeurs, avec des statuts précaires comme ceux des travailleurs saisonniers: leurs titres de séjour dépendent du bon vouloir de leurs employeurs, qui disposent là d'une force de pression considérable, par le statut des travailleurs détachés par des entreprises européennes pour effectuer des travaux en France, soumis théoriquement

---

3. CERC, «Immigration, emploi et chômage», *Les Dossiers de CERC-Association*, n° 3, 1999, www.gisti.org/doc/presse/1999/cerc/index.html.

au droit du travail français, mais sans qu'un contrôle sérieux ne soit effectué : ils sont aujourd'hui 100 000 à travailler dans le bâtiment et les travaux publics en France avec ce statut !

L'immigration menace-t-elle notre identité nationale ?

« Sapiens *est par définition un migrant, émigrant, immigrant. Il a essaimé comme cela, pris le monde comme cela et, comme cela, il a traversé les sables et les neiges, les monts et les abîmes, déserté les famines pour suivre le boire et le manger "Il n'est frontière qu'on outrepasse". Cela se vérifie sur des millions d'années. Ce le sera jusqu'au bout (encore plus dans les bouleversements climatiques qui s'annoncent) et aucun de ces murs qui se dressent tout partout, sous des prétextes divers, hier à Berlin et aujourd'hui en Palestine ou dans le sud des États-Unis, ou dans la législation des pays riches, ne saurait endiguer cette vérité simple : que le Tout-Monde devient de plus en plus la maison de tous – Kay tout moun – qu'il appartient à tous et que son équilibre passe par l'équilibre de tous* », écrivent Édouard Glissant et Patrick Chamoiseau[4].

Les mouvements migratoires amènent à s'interroger sur la notion d'identité, qu'elle soit individuelle ou collective.

La confrontation avec les autres fait naître la conscience d'avoir une identité culturelle spécifique. La prise de conscience surgit de la constatation des différences : « ils ne pensent pas comme nous », « ils ne font pas comme nous » ; mais elle est aussi provoquée par le regard des autres : « les Français sont impolis, arrogants... ». Dans la plupart des cas, l'individu sera surpris d'être vu comme « typiquement français » ou aura l'impression que le trait qui lui est attribué est un stéréotype qui ne le caractérise pas.

Dans les situations de la vie sociale, l'identité nationale est le plus souvent perçue comme une identité culturelle. Le sentiment d'avoir une identité culturelle collective ou

---

4. É. Glissant & P. Chamoiseau, *Quand les murs tombent. L'identité nationale hors la loi ?*, Paris, Galande, 2007.

nationale existe, mais il est très difficile de cerner cette identité qui a de multiples composantes.

Un grand nombre de critères participent à forger un sentiment d'appartenance et peuvent donc contribuer à construire une identité collective : langue, histoire commune, traditions, culture, religion, valeurs morales (comme le respect des droits de l'homme).

Il est cependant impossible de définir de façon objective ce qu'est une identité collective, que ce soit celle d'un groupe, d'un peuple ou d'une nation. Toute tentative de formalisation s'oppose à la complexité du réel. Le chercheur (historien, ethnologue...) qui entreprend cette tâche ne peut établir un recensement systématique et exhaustif des traits qui composent une culture. Il fait une impasse, ou au contraire une focalisation excessive sur certains domaines de la culture étudiée. Toute description s'accompagne d'une interprétation. Il opère des choix en fonction de sa subjectivité, de son idéologie, de ses idées politiques... On peut donc affirmer que la définition d'une identité collective est davantage une construction de chercheur qu'une saisie objective de la réalité.

L'identité culturelle est un processus dynamique. Elle évolue de façon continue dans le temps. C'est pourquoi la description qu'en fera un chercheur ne correspondra qu'à un moment donné du *continuum* culturel. Les événements historiques, économiques, sociaux entraînent des bouleversements. La France paysanne et catholique décrite par les historiens du 19e siècle n'a plus de réalité actuelle. Les structures familiales, le rôle des femmes dans la société connaissent de profondes transformations. Les changements sont aussi introduits par les contacts avec d'autres cultures. La présence des immigrants, considérée par Gérard Noiriel, Patrick Weil et d'autres historiens comme une composante de la société française, a introduit des éléments nouveaux dans les pratiques culturelles. Pour ne citer que quelques exemples, la pizza, la paella, le couscous, le taboulé sont entrés dans les habitudes alimentaires. Il en va de même pour les goûts musicaux : les musiques africaines jouissent d'une grande audience parmi les jeunes. Tous ces éléments nouveaux ne se substituent pas aux éléments anciens mais coexistent avec eux.

L'identité culturelle n'est pas unique, mais plurielle. Il existe des pratiques culturelles différentes correspondant à des sous-groupes tels que les classes sociales, l'âge, le genre, le statut professionnel, la région… L'individu peut avoir plusieurs affiliations et se rattacher à plusieurs groupes sociaux.

L'identité individuelle, composée d'appartenances diverses, est aussi en continuelle évolution. Les migrants qui vivent un certain temps dans un pays adoptent des comportements, des modes de pensée du pays d'accueil, qui se substituent à ceux qu'ils avaient antérieurement ou qui coexistent avec eux.

Interprétation subjective d'une réalité sociale, mouvante et plurielle, la notion d'identité culturelle est remise en cause par de nombreux chercheurs. Laurent Bazin, président de l'Association française des anthropologues (AFA) dit :

> « Il n'y a pas de définition objective à une telle notion [l'identité nationale] : il s'agit d'une construction imaginaire. L'ethnologie observe des phénomènes sociaux et les analyse : l'identité nationale n'existe pas en soi. C'est une idée, un discours, éventuellement des dispositifs administratifs et juridiques[5]. »

L'identité nationale instrumentalisée

Les historiens nous rappellent que l'idée de nation, au sens politique du terme, apparaît récemment, au 18e siècle ; et ce n'est qu'après 1870 que l'État-nation, en France et en Europe, prend la forme que nous lui connaissons aujourd'hui.

Dans une étude qui porte sur les deux derniers siècles, l'historien Gérard Noiriel relève que l'identité nationale n'est pas une conception scientifique, mais appartient au langage politique[6]. Comme toutes les notions politiques, elle représente un enjeu de lutte entre les partis en présence ; sa définition dépend donc d'un rapport de forces.

---

5. L. Bazin, « Invoquer l'identité nationale comme l'ivoirité est un appel à la xénophobie », *Afrik*, juin 2007, www.afrik.com.
6. G. Noiriel, *À quoi sert l'identité nationale*, Marseille, Agone 2007.

En 1789, la définition révolutionnaire de la nation fondée sur la liberté et l'égalité de tous les hommes contestait la légitimité politique fondée sur la naissance et sur l'origine, base de la supériorité sociale de la noblesse.

Au début de la 3ᵉ République, la tradition contractuelle (pacte républicain) a été matérialisée dans les règles juridiques ; une tradition « ethnique » subsiste cependant jusqu'à nos jours dans la pensée française.

Pour Ernest Renan, le fondement de la nation, c'est la « *volonté de vivre ensemble* » des populations (citoyenneté) ; alors que l'Allemagne privilégie le « droit du sang » (critères d'origine). À la fin du 19ᵉ siècle, l'identité nationale a servi à combattre la lutte de classes ; à la droite nationale sécuritaire (qui défendait la propriété, la sécurité et les vieilles traditions – dont la religion catholique), s'oppose alors la gauche sociale humanitaire (qui militait pour la protection sociale, la laïcité, les droits de l'homme).

Les débuts du 20ᵉ siècle voient se confronter le nationalisme dur et xénophobe de Maurice Barrès et le patriotisme de Jean Jaurès, qui donne la priorité à la question sociale.

Au cours des années qui suivent 1968, l'antiracisme devient une donnée du sens commun et l'expression « travailleur immigré » s'impose. Puis, dans les années 1990, la défense des « travailleurs immigrés » se fait discrète, tout comme les discours sur la lutte de classes. La dénonciation du communautarisme islamique commence à envahir les déclarations politiques et les commentaires des médias. Les préoccupations sécuritaires se généralisent. La thématique du « problème » de l'immigration revient en force pendant la campagne présidentielle de 2007, pendant laquelle le candidat de l'UMP s'acharne sur les « clandestins » et le « communautarisme ». L'idéologie nationale sécuritaire s'institutionnalise maintenant au niveau de l'État dans un ministère où l'« identité nationale » se retrouve accolée à l'« immigration ».

De nouvelles perspectives se dessinent, quand Édouard Glissant et Patrick Chamoiseau nous incitent à élaborer une véritable plate-forme altermondialiste, en vue d'une coexistence pacifiée :

« Il est des équilibres économiques, des aléas sociaux, des exigences de politique intérieure à inventer, maintenir ou réparer. Les flux incontrôlables d'immigration, des pays pauvres vers les pays les plus riches, peuvent être équilibrés par un grand nombre de mesures qui ne seraient pas à caractère tranchant, immédiat et irrévocable ; […] l'exigence d'une constitution de progrès social valable en tous lieux, opposable partout, l'établissement pour les plus démunis et les plus affamés d'un droit de citoyenneté ou de multi citoyenneté valable en tous lieux, opposable partout… Autant d'utopies dont il serait absurde de se moquer tout simplement. […] Il y a là de quoi imaginer des institutions neuves qui vraiment regarderaient le monde. Il y a là quelques principes d'une grande politique pour une nation riche et privilégiée, qui, de les défendre publiquement et de les étudier dans leur détail, puis de commencer à les mettre en pratique, se grandirait. C'est à chacun de mesurer son degré de prudence, l'éclat de son audace, la hauteur de sa vue. Mais l'affaire de tous est de s'ouvrir à ces possibles[7]. »

Mondialisation et identité nationale

Le philosophe François Jullien décrit en termes impitoyables comment la mondialisation économique, par la recherche du rendement et du moindre coût, par une production standardisée dans le monde entier, conduit à une uniformité d'imitation qui impose ses stéréotypes comme seul paysage envisageable :

« Aux quatre coins du monde, on retrouvera inévitablement les mêmes vitrines, les mêmes affiches de bonheur et de consommation. Clos enfin sur lui-même, le tout (planétaire) ne fait plus que refléter : auto-reflet qui constitue désormais fantasmatiquement le monde sous le règne de la Similitude (et platitude.) Car si dictature il y a, c'est qu'une telle uniformisation ne se limite pas aux biens matériels mais envahit l'imaginaire. Par une opération éditoriale réussie, *Harry Potter* ou *Da Vinci Code* (ou tout autre produit du même type) formate à l'identique les rêves d'adolescents du monde entier. Par ses exportations massives de programmes, d'un pays à l'autre, la télévision fait ici son massacre. Sinon, ce qui, en territoire reculé, échappe

---

7. E. Glissant & P. Chamoiseau, *op. cit.*

encore à cette uniformité sera considéré comme en retard ; ou alors, par basculement du périmé dans la conservation, est mis en réserve, sous cellophane, et consciencieusement protégé à titre de tradition "authentique" dans le grand folklore des nations. Pis encore : le comble de l'uniformisation est quand on ajoute au standard une variation de surface, forcément kitsch, pour faire croire à la différence prometteuse d'avenir et de découverte[8]. »

Au plan de la cohésion sociale, l'atomisation de la société sous la pression de l'économie, et la concurrence générale considérée comme principe indépassable détruisent peu à peu les valeurs de solidarité et le sentiment de sécurité qu'elles procuraient.

La mondialisation capitaliste constitue sans doute la cause première du délitement d'une identité collective que certains ressentent ou redoutent.

Nationalités et situations sociales

« Les murs qui se construisent aujourd'hui (au prétexte de terrorisme, d'immigration sauvage ou de dieu préférable) ne se dressent pas entre des civilisations, des cultures, ou des identités, mais entre des pauvretés et des surabondances, des ivresses opulentes mais inquiètes et des asphyxies sèches. Donc : entre des réalités qu'une politique mondiale, dotée des institutions adéquates, saurait aménager ou atténuer, voire résoudre, quant aux contradictions qu'elles nourrissent entre elles[9]. »

Lancées à Los Angeles dans les années 1960, les résidences privées, closes et sécurisées ont essaimé sur tous les continents, et ne concernent pas seulement les classes aisées, mais attirent maintenant aussi les classes moyennes.

Murs, grilles, vigiles et contrôles électroniques tiennent à distance les pauvres, déclassés et autres indésirables. La résidence fermée garantit à ses habitants un entre-soi social et procure un sentiment d'appartenance à une élite.

Il paraît impossible de ne pas voir les ressemblances, les similitudes entre ces formes protégées d'habitat collectif et les mesures mises en œuvre par les pays riches, notamment

---

8. F. Jullien, *De l'universel, de l'uniforme, du commun et du dialogue entre les cultures*, Paris, Fayard, 2008.
9. É. Glissant & P. Chamoiseau, *op. cit.*

ceux de l'UE, pour contrôler leurs frontières. Les nationalités servent de paravent commode pour se tenir à l'abri des habitants des pays pauvres (considérés comme les nouvelles «classes dangereuses»).

Les valeurs républicaines laissent la place aux valeurs du portefeuille. Mais la volonté de concrétiser territorialement et donc de pérenniser la fracture sociale Nord-Sud relève à l'évidence d'une utopie aberrante, où le fantasme d'une identification aux plus riches tient lieu de projet de société.

En France même, le recours à l'«identité nationale» sert aussi de paravent commode pour ne pas s'attaquer aux inégalités sociales. On reproche bruyamment à une minorité de jeunes marginalisés, désignés d'«origine immigrée», leurs incivilités et leur méconnaissance délibérée des codes du langage et du comportement. Cela permet d'ignorer la crise sociale persistante et dévastatrice où sont plongées les familles pauvres, victimes des restructurations économiques et de la désindustrialisation et reléguées dans des banlieues délabrées[10].

Le sociologue Zygmunt Baumann a analysé les clivages actuels des populations:

> «Le capital s'étant émancipé de l'espace, il n'a plus besoin de travailleurs itinérants (et son avant-garde la plus avancée technologiquement n'a presque plus besoin de travail, quel qu'il soit, mobile ou immobile). La pression qui s'exerce pour supprimer les derniers obstacles à la libre circulation de l'information, de l'argent et des moyens d'en gagner est en fait inséparable de la pression qui s'exerce pour creuser de nouveaux fossés et ériger de nouveaux murs (que l'on appelle lois sur la "nationalité" ou sur l'"immigration") qui doivent priver de mouvement ceux qui sont déracinés matériellement et spirituellement. Le feu est vert pour les touristes, et rouge pour les vagabonds. La localisation forcée fait perdurer les conséquences naturellement sélectives de la mondialisation. Le développement de l'inégalité, que tout le monde remarque et dont tout le monde s'inquiète, ne constitue pas une interférence venue de l'extérieur,

---

10. Voir à ce sujet L. Waquant, *Parias urbains, ghettos, banlieues, État*, Paris, La Découverte, 2006.

étrangère, troublante, sans rapport avec le processus de mondialisation; c'est sa conséquence même. » [...]

« Un monde sans vagabond, telle est l'utopie de la société de touristes. La plupart des pratiques politiques de la société de touristes – l'obsession de la sécurité, la criminalisation de la pauvreté, la suppression de l'"assistance" – peuvent être comprises comme des efforts persistants et têtus pour élever la réalité sociale, envers et contre tout, au niveau de cette utopie[11]. »

Dans *La société assiégée*, Zygmunt Baumann se préoccupe notamment du sort des millions de réfugiés assignés à résidence dans des camps pour une durée indéterminée.

Pour sortir des divisions qui se sont installées dans le monde, il fait appel aux écrits d'Emmanuel Kant:

« *"L'unification parfaite de l'espèce humaine par la citoyenneté commune"*, est le destin qu'a choisi pour nous la Nature – l'horizon ultime de notre histoire universelle que, poussés et guidés par la raison et l'instinct de conservation, nous allons devoir poursuivre et, avec le temps, atteindre. Telle fut la découverte de Kant, mais le monde mit deux siècles de plus à en apprécier toute la justesse.

Tôt ou tard, nous prévenait Kant, il ne restera plus d'espaces vides dans lesquels pourraient s'aventurer ceux d'entre nous qui trouvaient les endroits déjà peuplés trop exigus ou trop inconfortables. [...] L'unité de l'espèce humaine que postulait Kant pourrait évoquer, comme il le suggérait, l'intention de la Nature – mais elle ne semble certainement pas *"déterminée du point de vue historique"*. [...] À aucune autre époque la quête acharnée d'une humanité commune, et la pratique qui suit pareille hypothèse, n'ont été aussi urgentes et impératives qu'elles ne le sont à présent. A l'époque de la globalisation, la cause et la politique d'une humanité partagée affrontent la plus fatidique des étapes qu'elles aient franchies au cours de leur longue histoire[12]. »

Identités et cultures

La rencontre avec des cultures différentes peut donner lieu à trois réactions:

---

11. Z. Baumann, *Le coût humain de la mondialisation,* Paris, Hachette, 1999.
12. Z. Baumann, *La société assiégée*, Rodez, Paris, Hachette, 2007.

- le rejet agressif, qui conduit à des catastrophes ;
- l'isolement, stérile ;
- le dialogue, constructif.

Pour l'anthropologue britannique Bronislaw Malinowski[13], il faut saisir et respecter en quoi la culture de l'autre lui a permis de satisfaire ses nécessités et attentes, de devenir ce qu'il est.

François Jullien aussi insiste pour un dialogue intelligent qui essaye de comprendre la culture de l'autre (ce qui ne veut pas dire approuver.) Il rappelle que la Déclaration universelle des droits de l'homme signée en 1948 par moins de soixante États a été réaffirmée en 1993 par 180 États. La mise en commun progressive de ce texte fondamental s'est réalisée par un dialogue permanent entre les nations.

La Déclaration universelle de l'Unesco sur la diversité culturelle du 2 novembre 2001 défend ainsi celle-ci :

> « Dans nos sociétés de plus en plus diversifiées, il est indispensable d'assurer une interaction harmonieuse et un vouloir vivre ensemble de personnes et de groupes aux identités culturelles à la fois plurielles, variées et dynamiques. Des politiques favorisant l'inclusion et la participation de tous les citoyens sont garantes de la cohésion sociale, de la société civile et de la paix. Ainsi défini, le pluralisme culturel constitue la réponse politique au fait de la diversité culturelle. Indissociable d'un cadre démocratique, le pluralisme culturel est propice aux échanges culturels et à l'épanouissement des capacités créatrices qui nourrissent la vie publique[14]. »

Édouard Glissant et Patrick Chamoiseau plaident pour la tolérance entre les cultures, et pour un pluralisme dynamique :

> « Ce n'est pas parce que l'échanger mène souvent au changer que tous et chacun iraient se diluer dans un trou bouillon où s'égareraient et s'étoufferaient les identités, où s'effaceraient les différences. Changer en échangeant

---

13. Cité dans l'article de R. Kapuscinski : « Rencontrer l'étranger, cet événement fondamental », *Le Monde diplomatique*, janvier 2006.
14. Unesco, « Déclaration universelle de l'Unesco sur la diversité culturelle », 31e session de la conférence générale de l'Unesco, 2 novembre 2001.

revient à s'enrichir au haut sens du terme et non à se perdre. Il en est ainsi pour un individu comme pour une nation. Ce n'est pas parce qu'une communauté accueille des étrangers, consent à leurs différences, même à leurs opacités, qu'elle se dénature ou risque de périr. Elle s'augmente au contraire, et se complète ainsi. Elle donne de l'éclat à ce qu'elle est, à ce qu'elle a, comme à ce qu'elle devient, et elle offre cet éclat qui de s'offrir reçoit. Dans les histoires des sociétés, aucun métissage n'a donné lieu à dégénérescence, des Gallo-Romains aux Brésiliens. Et pas une des créolisations survenues dans le monde n'a conduit à l'effacement pur et simple d'une de ses composantes. [...] Aujourd'hui, l'identité nationale ne peut plus être à racine unique, sinon elle s'étiole et se raccourcit. La nation qui au contraire s'amplifie et se partage réaffirme du même coup sa place, non pas hégémonique, dans le monde. Elle ne rugit plus, elle chante à présent[15]. »

En résumé, plusieurs facteurs interfèrent aujourd'hui pour ébranler les identités et sentiments d'appartenance qui participent à l'équilibre de chacun.

L'acharnement du pouvoir politique contre les « clandestins » pourrait laisser croire que leur présence met la nation même en danger. En fait, ce harcèlement essaie de détourner l'attention des effets destructeurs d'un néocapitalisme qui fonctionne au profit d'une minorité.

Quant aux difficultés, parfois réelles, de la confrontation avec des cultures, des mœurs différentes, c'est par un dialogue patient et obstiné qu'elles se résorbent, pour aboutir à un enrichissement mutuel.

Communautarisme et discrimination

L'expression culturelle des communautés étrangères enrichit la culture française quand elle s'exprime dans le cadre du respect de la vie commune.

D'une façon générale, parce ce que nous refusons que des gens soient enfermés dans des ghettos, nous rejetons tout communautarisme au sens de l'organisation d'une société dans laquelle des communautés auraient leurs propres règles, gérées par des pouvoirs communautaires qui

---

15. É. Glissant & P. Chamoiseau, *op. cit.*

viendraient en écran entre l'individu et l'État. Pour nous, ce communautarisme est en fait le produit des discriminations dont souffrent les populations concernées, et notamment les étrangers. Les discriminations juridiques et sociales, de droit et de fait, qui affectent les étrangers en les privant de leur identité citoyenne et d'un travail professionnel, conduisent nécessairement un certain nombre à l'inexistence sociale, à une marginalisation synonyme de délinquance. Outre l'opprobre qu'ils jettent ainsi sur la communauté entière, les exclus sont autant de facteurs de sa désintégration, que cette communauté ne peut rejeter sans se renier.

D'autre part, les agressions que le racisme ou la xénophobie provoquent contre elle peuvent entraîner en retour le repli et le rétrécissement de la culture visée sur ses valeurs distinctives, en même temps que dans des pratiques formelles, autrement dit sur le plus petit commun dénominateur susceptible de faire l'unité du groupe. On éprouve quelque difficulté à stigmatiser fondamentalisme et intégrisme dans les cultures dominées quand on constate le même processus à l'œuvre dans le pays et la culture dominante : à chacun son empire du mal et ses évangélistes.

Dès lors, comme l'écrit le groupe de travail d'Attac des comités locaux Paris 9-10 :

«En sortant les migrants de leur précarité pour en faire des citoyens à part entière, on en fait aussi des travailleurs comme les autres, susceptibles de revendiquer avec eux ; et les luttes nécessaires pour la défense et l'élargissement des acquis devraient s'en trouver renforcées. Il reste sans doute à convaincre les organisations syndicales chargées de mener ces luttes que celles-ci doivent intégrer l'ouverture des frontières et la fin des discriminations juridiques vis-à-vis des étrangers, sous peine d'isoler les travailleurs les moins défavorisés et de sombrer dans le corporatisme.»

La grève des travailleurs sans papiers menée au printemps 2008 marque un réel progrès en ce sens.

5
Vers la liberté d'installation

Les conclusions du chapitre précédent nous amènent à affirmer que la liberté d'installation peut parfaitement être envisagée pour l'ensemble des migrants.

D'ores et déjà, ce droit est reconnu au sein de l'Union européenne aux ressortissants des États membres et son extension est envisagée pour «*les ressortissants des pays tiers résidant légalement sur le territoire d'un État membre*» (art. 45 de la Charte des droits fondamentaux).

Mais cette liberté de circulation et de séjour ne pourra être réellement appliquée aux uns et aux autres qu'avec une harmonisation des législations sociales au niveau de l'Union, qui doit se faire par alignement sur les conditions du travailleur le plus favorisé. À défaut d'une telle harmonisation, elle risque de conduire à la mise en place d'une concurrence entre travailleurs aux avantages sociaux différents en fonction de leur statut ou de leur nationalité.

Appliquer la réglementation des ressortissants européens

Dès ses considérants, la directive du Parlement européen et du Conseil du 29 avril 2004, relative au droit des citoyens de l'Union et des membres de leur famille de circuler et de séjourner librement sur le territoire des États membres, affirme :

> «La citoyenneté de l'Union confère à chaque citoyen de l'Union un droit fondamental et individuel de circuler et de séjourner librement sur le territoire des États membres, sous réserve des limitations et des restrictions fixées par le traité et des mesures adoptées en vue de leur application.»

Ce droit est ainsi mis en œuvre :

■ par l'article 6 :

> «Les citoyens de l'Union ont le droit de séjourner sur le territoire d'un autre État membre pour une période allant jusqu'à trois mois, sans autre condition de formalité que

l'exigence d'être en possession d'une carte d'identité ou d'un passeport en cours de validité. »

■ et par son article 7 :

« Tout citoyen de l'Union a le droit de séjourner sur le territoire d'un autre État membre pour une durée de plus de trois mois

a) s'il est un travailleur salarié ou non salarié dans l'État membre d'accueil ;

ou

b) s'il dispose, pour lui et pour les membres de sa famille, de ressources suffisantes, afin de ne pas devenir une charge pour le système d'assurance sociale de l'État membre d'accueil au cours de son séjour, et d'une assurance-maladie complète dans l'État membre d'accueil au cours de son séjour, et d'une assurance-maladie complète dans l'État membre d'accueil ;

ou

c) s'il est inscrit dans un établissement privé ou public, agréé ou financé par l'État membre d'accueil sur la base de sa législation ou de sa pratique administrative, pour y suivre à titre principal des études, y compris une formation professionnelle, et s'il dispose d'une assurance-maladie complète dans l'État membre d'accueil et garantit à l'autorité nationale compétente, par le biais d'une déclaration ou par tout autre moyen équivalent de son choix, qu'il dispose de ressources suffisantes pour lui-même et pour les membres de sa famille, afin d'éviter de devenir une charge pour le système d'assurance sociale de l'État membre d'accueil au cours de leur période de séjour ;

ou

d) si c'est un membre de la famille accompagnant ou rejoignant un citoyen de l'Union qui lui-même satisfait aux conditions énoncées aux points a) b) c). »

Il faut préciser que, pour cette directive, sont membres de la famille du citoyen de l'Union : son conjoint (ou partenaire reconnu dans la législation de l'État membre), les descendants directs âgés de moins de 21 ans ou qui sont à la charge du citoyen de l'Union et de son conjoint et les ascendants directs à sa charge ou à celle de son conjoint.

Il importe d'observer que la directive permet à la fois d'assurer la liberté de circulation et d'installation des ressortissants des États membres de l'Union et, dans le même temps, évite, comme l'affirme un des considérants, que «*les personnes exerçant leur droit au séjour ne deviennent une charge déraisonnable pour le système d'assurance sociale de l'État membre d'accueil pendant une première période de séjour*» puisque ces ressortissants, s'ils ne travaillent pas, doivent disposer de ressources et d'assurances suffisantes pour ne pas être à la charge de l'assistance sociale locale.

La mise en application de ces dispositions, même si elles ont été accompagnées de mesures transitoires pour les nouveaux États membres, n'a pas entraîné de difficultés majeures amenant à remettre en cause ces règles.

Or, on ne voit aucune raison de penser que l'application de ces dispositions aux ressortissants des États tiers pourrait davantage poser de problèmes, dès lors que l'on a présent à l'esprit que l'immigration ne met pas en difficulté l'économie d'un pays et, loin de la mettre en péril, enrichit la culture nationale. Nous proposons donc que les mêmes règles s'appliquent à l'ensemble des immigrés.

Supprimer les visas et les discriminations

La liberté de venir pour trois mois en France permettrait de supprimer l'obligation de visas, procédure humiliante, propice aux manœuvres, ouverte à l'arbitraire, coûteuse pour les demandeurs. C'est sur place, en France, que les immigrants pourraient solliciter une carte de séjour auprès des préfectures, dès lors qu'ils rempliraient les conditions exigées pour se maintenir dans le pays au-delà de trois mois.

La liberté d'installation implique également de mettre fin aux normes discriminatoires à l'égard des migrants et des étrangers sur le marché de l'emploi, ersatz d'une politique de préférence nationale ou européenne, pourtant largement dénoncée par les pouvoirs publics.

D'une part, doivent être supprimées les taxes que l'employeur doit payer pour embaucher un immigrant nouvellement introduit en France et ne disposant pas encore du droit de travailler, cette taxe étant discriminatoire à l'égard de l'étranger et ne correspondant à aucun service rendu par les pouvoirs publics, puisqu'il n'y a plus de recherche de main-d'œuvre par l'administration publique dans les pays d'origine comme c'était le cas lors des «Trente Glorieuses».

D'autre part, il faut abolir le principe des emplois réservés aux personnes de nationalité française, sauf en ce qui concerne les emplois dits «de souveraineté» comme, là encore, c'est appliqué au profit des citoyens de l'UE. Il faut insister sur l'importance de ces emplois. Dans son rapport de 1999, le CERC les évaluait à 6 500 000, soit un tiers des emplois en France. Ils ne concernaient pas simplement la fonction publique (5 200 000 emplois), mais également les entreprises publiques à statut (400 000 salariés), des professions libérales et d'autres professions indépendantes (500 000 salariés), la sécurité sociale (200 000) et divers travailleurs salariés (200 000.) Même si, depuis ce rapport, des évolutions ont permis d'ouvrir certaines de ces professions, le problème demeure pour l'essentiel. Ici encore, il conviendrait de faire cesser cette «préférence communautaire» et, en attendant l'ouverture des emplois réservés non régaliens à tous les résidents, d'aligner le statut des non communautaires sur celui des communautaires. Car cette discrimination a des effets négatifs importants que soulignait le CERC en 1999 :

> «Les effets de ces interdictions sont multiples. D'abord, il en résulte, bien sûr, une forte sous-représentation des étrangers dans les professions interdites qui bénéficient souvent de statuts stables (fonction publique, entreprises publiques) ou sont particulièrement prisées (nombre de professions libérales ou indépendantes). La même raison explique, au moins partiellement, leur faible représentation dans les professions médicales et sociales, les transports ou les assurances.
> Mais la portée de ces discriminations légales ne s'arrête pas aux seuls emplois directement concernés : l'ensemble de la dynamique de l'emploi des étrangers en subit le contrecoup. En premier lieu, la fermeture aux jeunes étrangers de secteurs comme la fonction publique est directement constitutive d'inégalités en matière de formation et de qualification qui affectent les choix et parcours de formation de ces jeunes, et donc de leurs conditions d'accès au marché du travail. En second lieu, ces discriminations les amènent à se concentrer dans d'autres professions

qui leur sont autorisées; ainsi s'explique, pour une part, la forte croissance de la proportion d'étrangers dans les professions indépendantes de commerce et de l'industrie, passage souvent obligé pour sortir du chômage et des emplois précaires. Comme le confirment des enquêtes récentes, ces interdictions ont également des effets sur les comportements discriminatoires illégaux observés sur le marché du travail salarié. Elles tendent à légitimer les pratiques illégales de discriminations à l'égard des étrangers et, plus généralement, à l'égard des personnes "soupçonnées" d'origine étrangère, de par leur nom, leur lieu de naissance, leur accent ou leur apparence[1]. »

Face à ce principe de la liberté d'installation, une doctrine ayant cours aujourd'hui ne nie pas l'intérêt que des immigrés puissent s'installer en France, mais va développer le concept d'immigration choisie, c'est-à-dire que ne doivent être autorisés à venir s'installer en France que les étrangers utiles à l'économie française. C'est ce concept que veut consacrer la loi du 24 juillet 2006 présentée par Nicolas Sarkozy, alors ministre de l'intérieur.

En effet, les incantations idéologiques cèdent peu à peu le pas à un commencement de réalisme. Au travers des législations affichées de plus en plus répressives, le besoin de main-d'œuvre étrangère est peu à peu reconnu. Ce qui a conduit à passer de l'«immigration zéro» à l'«immigration clandestine zéro» puis à l'«immigration choisie». Il faut remarquer aussi que c'est un des rares sujets sur lesquels le patronat n'est pas en accord parfait avec le gouvernement. Il connaît les besoins de l'économie. Il profite aussi de cette main-d'œuvre judicieusement stigmatisée et réprimée.

L'immigration sélective est-elle un compromis acceptable ?

C'est une idée de bon sens que les immigrés qui souhaitent venir en France pour travailler ne le fassent que s'ils y trouvent du travail et que, s'ils ne doivent pas en trouver, il n'y a pas de raison pour qu'ils y viennent.

Un premier problème dans le cadre d'une politique d'immigration sélective est que ce sont les pouvoirs publics qui

---

1. CERC, «Immigration, emploi et chômage», *op. cit.*

se chargent *a priori* de déterminer qui trouvera et qui ne trouvera pas du travail en France, avant même de permettre à l'intéressé d'en chercher.

Alors, commencent les difficultés de l'exercice auquel s'est livré le ministère de l'économie, des finances et de l'industrie dans son rapport de janvier 2006, sur l'immigration sélective et les besoins de l'économie française Il aboutit à déterminer onze métiers pour lesquels l'immigration est une solution pour résoudre des pénuries structurelles d'offre de travail pour des métiers en croissance : ouvriers qualifiés des travaux publics, cuisiniers, techniciens du bâtiment et des travaux publics, employés et agents de maîtrise de l'hôtellerie, infirmiers, sages-femmes, ouvriers qualifiés du gros œuvre du bâtiment, techniciens et agents de maîtrise de la mécanique, représentants, bouchers, charcutiers, boulangers, maîtrise des magasins et intermédiaires de commerce, ouvriers qualifiés de la mécanique.

Première remarque : s'il y a pénurie de main-d'œuvre dans ces secteurs, cela ne veut pas dire qu'un immigré ne trouvera pas facilement du travail dans un autre secteur. Les Parisiens sont habitués à ce que leur plombier soit étranger (même s'il n'est pas toujours polonais !)

Deuxième remarque : cette liste ne peut pas anticiper les effets de l'ouverture du marché du travail aux ressortissants des nouveaux États européens qui auront d'ici quelques années libre accès au marché du travail.

Troisième remarque : le rapport du ministère de l'économie souligne que «*des solutions alternatives à l'immigration existent pour pallier les difficultés de recrutement. Avec un taux de chômage de 9,7 % en octobre 2005, les tensions ne sont pas liées à une insuffisance globale de la main-d'œuvre. Plusieurs mesures complémentaires à une politique d'immigration choisie pourront permettre une meilleure utilisation de la main-d'œuvre disponible*». Et d'en citer trois :

- L'amélioration des conditions de travail, qui renforcerait l'attractivité de certains métiers auprès des autochtones.
- Le renforcement de l'adéquation entre les qualifications et les besoins du marché du travail.
- Une plus grande mobilité géographique des travailleurs, qui diminuerait les difficultés de recrutement des métiers

pour lesquels l'indicateur de tension est élevé dans quelques régions seulement.

Ainsi, apparaît clairement le constat que les difficultés de recrutement, dans un contexte de chômage important, n'imposent nullement la venue d'une immigration sélective, que d'autres politiques peuvent être mises en œuvre, notamment en matière de formation, pour résoudre ce problème. Une politique d'immigration sélective n'est absolument pas une nécessité dans le contexte français actuel.

D'ailleurs, aucune garantie ne peut être donnée quant à la pérennité de cette liste. En réalité, toute politique de planification des besoins de main-d'œuvre est soumise à de tels aléas que de graves erreurs peuvent s'ensuivre : l'exemple de la planification des besoins français en médecins, qui aboutit à la pénurie actuelle, est suffisamment traumatisant.

Quatrième remarque : la mise en place de l'immigration de travail sélective, loin d'apaiser les tensions entre immigrés et États d'accueil, en entraînera de nouvelles. On voit poindre celles-ci à la lecture des dispositions introduites par la loi du 24 juillet 2006 concernant cette immigration de travail. Le nouvel article L 313-10 du Code de l'entrée et du séjour des étrangers (Céséda) stipule :

> «Pour l'exercice d'une activité professionnelle salariée dans un métier et une zone géographique caractérisés par des difficultés de recrutement et figurant sur une liste établie par l'autorité administrative, après consultation des organisations syndicales d'employeurs et de salariés représentatives, l'étranger se voit délivrer cette carte (d'un an) sans que lui soit opposable la situation de l'emploi.»

Le décret du 11 mai 2007 relatif aux autorisations de travail introduit une différence très importante entre les titulaires d'un contrat de travail d'un an ou plus et ceux qui ont un contrat de travail inférieur à douze mois.

Les premiers sont assez bien protégés puisque, au moment du renouvellement de leur autorisation de travail, au bout d'un an, la validité de cette autorisation «*est prorogée d'un an lorsque l'étranger se trouve involontairement privé d'emploi... Si, au terme de cette période de prorogation, l'étranger est toujours privé d'emploi, il est statué sur sa demande compte tenu de ses droits au regard du régime d'indemnisation des travailleurs involontairement privés d'emploi»*.

La situation est beaucoup plus difficile pour les titulaires d'un contrat de travail inférieur à douze mois. Ceux-ci, qui ont une carte de séjour portant la mention «*Travailleur temporaire*», ne voient leur autorisation de travail renouvelée que «*dans la limite de la durée du contrat de travail restant à courir ou de la mission restant à accomplir en France*». Cette disposition manifeste que les travailleurs temporaires ne sont pas appelés à rester en France, ne viennent que pour accomplir un travail déterminé, d'autant plus que l'administration peut limiter leur autorisation de travail non seulement à une zone géographique déterminée, mais même «*à un ou des employeurs ou entreprises d'accueil déterminés*».

Or, il est probable qu'un certain nombre de ces travailleurs chercheront à rester en France au terme de leur contrat de travail, augmentant ainsi le nombre des sans-papiers. Et, compte tenu de la réticence des entreprises à offrir des emplois de longue durée, il est probable que la plupart des bénéficiaires de ces dispositions n'auront que le statut, fragile, de travailleur temporaire. C'est dire qu'on est bien loin d'une solution à l'immigration du travail !

Cinquième remarque : dans la liste de métiers souffrant d'une pénurie de main-d'œuvre pour lesquels on pourrait faire appel aux immigrés, établie par le ministère de l'économie dans le rapport de janvier 2006, on ne relève pas de professions hautement qualifiées. Or, le discours sur l'immigration sélective invoque toujours la nécessité de faire venir dans nos pays des personnels hautement qualifiés qui contribueront à la performance de nos entreprises. Dès lors, on s'aperçoit que les tenants de l'immigration sélective ne cherchent pas à organiser l'immigration en fonction des besoins du marché du travail, mais à capter les cadres qualifiés les plus compétents sur un marché du travail désormais mondialisé, même si des cadres résidents peuvent prétendre à occuper ces postes.

C'est ce que confirme la mise en place en France, fin 2007, de l'immigration choisie, puisque la circulaire ministérielle du 20 décembre 2007 fixant la liste des métiers ouverts à l'immigration de travail des ressortissants hors

UE, en présentant sa méthode pour déterminer les métiers qui leur sont ouverts, indique en effet qu'elle a privilégié «*les niveaux de qualification requérant des diplômes ou titres de l'enseignement supérieur*».

Et il y a plus pervers. Au nom de l'immigration choisie, certains des partisans de cette politique ne cachent pas leur volonté de réduire à la portion congrue les autres formes d'immigration, liées aux libertés publiques, telles que le droit de vivre en famille et d'être protégé des persécutions.

Donc, en reprenant cette idée de départ qu'il est bon que ne viennent chercher du travail en France que ceux qui en trouveront, la politique de l'immigration sélective ne nous semble pas être la bonne réponse. En effet, compte tenu de la complexité du fonctionnement du marché du travail, il est totalement illusoire de penser qu'une organisation administrative pourra organiser les embauches. La seule solution est que l'immigré extracommunautaire puisse, comme les ressortissants de l'UE, venir en France pendant une durée de trois mois chercher du travail. Au terme de ce délai (qui peut être prolongé en fonction des efforts réels de recherche de travail pour les ressortissants communautaires), l'immigré ne pourra poursuivre son séjour en France que s'il reste dans la catégorie qui l'y autorise, donc, dans ce cas précis, s'il a trouvé un emploi.

Liberté d'installation et liberté d'aller et venir

Les observateurs de l'immigration clandestine sont frappés par le fait que les sans-papiers, même menacés de sanctions judiciaires, même en état d'échec économique et social patent, se maintiennent pour une grande part en France. Dès lors, une objection est portée à la politique que nous préconisons de permettre aux immigrants de venir chercher du travail en France pendant trois mois : n'assisterons-nous pas, au terme de ces trois mois, au maintien en France de ces immigrés, même s'ils n'ont pas trouvé le travail qu'ils cherchaient ?

Les études menées sur la question infirment cette crainte. On peut ainsi lire dans l'ouvrage *L'Europe et toutes ses migrations* :

> «La liberté de circuler intracommunautaire, qui s'est accompagnée d'une assez faible mobilité à l'intérieur de l'Europe, contrairement aux prévisions initiales, a montré que plus les frontières sont ouvertes, plus la mobilité est de courte durée; et plus elles sont fermées, plus la migration d'installation devient désirable[2].»

En effet, comme l'écrit Mirjana Morokvasic-Muller dans son étude sur les migrations dans les Balkans parue en 2001:

> «On ne le répètera jamais assez: la plupart des gens ne souhaitent guère émigrer dans un pays étranger, et beaucoup parmi ceux qui l'ont fait auraient souhaité circuler plutôt que de s'établir en permanence, s'ils en avaient la possibilité ou la liberté[3].»

Effectivement, les observateurs constatent que la liberté d'installation établie pour ses ressortissants par l'Union européenne a eu pour principal effet des déplacements de faible durée plutôt que des expatriations définitives. Tout se passe comme si la garantie de pouvoir s'installer où on le veut permet à l'individu de profiter des différentes occasions de travail, suivant les circonstances, dans son pays ou à l'extérieur, au même titre qu'un Auvergnat le fera sur le territoire français. Dès lors, s'il ne trouve pas de travail en France, il envisagera son déplacement ailleurs, où il trouvera du travail et explorera toujours les possibilités de retourner travailler dans son pays.

C'est bien ce que l'on constate aujourd'hui pour les cadres de certains pays du Sud ou d'ailleurs (Irlandais qui rentrent des États-Unis). Mais cette attitude est rendue impossible par la fermeture des frontières. On connaît le cas d'Algériens titulaires de certificat de résidence leur garantissant de pouvoir vivre toute leur vie en France, et qui ont été tentés par une opportunité de travailler en Algérie. Au terme de quelques années, leurs affaires en Algérie ayant échoué, il leur a été impossible de revenir résider en France, trois années d'absence du territoire français leur ayant fait perdre

---

2. C. Wihtol de Wenden & A. de Tinguy (dir.), Bruxelles, Complexe, 1999.
3. «Balkans, les exclus de l'élargissement», *Hommes et migrations*, n° 1230, mars-avril 2001.

tout droit au séjour. Une expérience aussi douloureuse est vite assimilée par la communauté immigrée : surtout rester coûte que coûte en France, quelles que soient les difficultés ! Et il en est de même pour un sans-papiers : il ne veut pas faire un retour à l'essai car il aurait trop de mal à revenir en France ! Il y reste donc. Pourtant, un retour réussi serait positif à la fois pour la France et pour le pays d'origine.

Ainsi, c'est la fermeture des frontières qui amène, paradoxalement, les gens à émigrer définitivement, comme l'écrit Anne de Tinguy dans le numéro d'*Hommes et migrations* déjà cité :

> «La nouvelle frontière Schengen risque paradoxalement d'encourager l'illégalité. Des études empiriques montrent en effet que nombre de personnes qui sont poussées à aller chercher à l'étranger les moyens de subvenir à leurs besoins souhaitent "partir pour rester" : c'est-à-dire faire les va-et-vient qui leur permettent de gagner leur vie sans avoir à quitter définitivement leur pays. Que ce soit dans les Balkans ou dans les pays de l'ex-URSS, les mesures restrictives, en mettant des obstacles à la circulation de ces personnes, risquent de les amener à une démarche radicale, l'émigration, qui ne pourra dans la plupart des cas se faire que dans l'illégalité[4].»

Aller par étapes vers la liberté de circulation et d'installation

Le principe de la liberté de circulation et d'installation, qui constitue un droit fondamental, progresse dans les esprits. Toutefois, elle ne se réalisera pas du jour au lendemain. Elle suppose en effet quatre démarches préparatoires :

■ un important effort d'explication auprès d'une population abreuvée depuis des années de discours xénophobes ;

■ l'élaboration de nombreuses politiques d'accompagnement dans des domaines comme la santé, le logement, l'école, de façon que soit mise en œuvre une véritable politique d'accueil ;

■ une concertation avec nos partenaires européens ;

---

4. Voir note 2, p. 47.

■ la transformation en profondeur de notre coopération avec les pays d'origine des migrants.

Le rappel de ces démarches ne doit pas servir de prétexte à un ajournement indéfini de la décision, mais il nous invite à définir des objectifs intermédiaires qui pourraient être réalisés immédiatement, et qui constitueraient une avancée vers la liberté de circulation et d'établissement.

Ces objectifs intermédiaires largement repris des propositions d'Emmanuel Terray, du Cercle migration et liberté (CMIL), consistent en une mesure pour apurer le passé et sept mesures pour organiser l'avenir.

Pour le passé : régularisation de tous les sans-papiers avec carte de dix ans, et amnistie de toutes les condamnations pour séjour irrégulier et faits connexes (refus d'embarquement, travail illégal…).

Pour l'avenir :

1. Dépénalisation du séjour irrégulier, par abrogation de l'article L.621-1 du code de l'entrée et du séjour des étrangers.

2. Suppression des visas de court séjour, et motivation individualisée de tous les refus de visas de long séjour. Actuellement le refus de visas est une décision régalienne dont l'État n'a pas à répondre : le champ est ouvert à l'opacité et à l'arbitraire. La motivation des refus permettrait de saisir la juridiction administrative.

3. Transfert de toutes les décisions concernant le séjour à une commission de séjour dont la composition serait modifiée et les pouvoirs étendus. La commission de séjour devrait être saisie de droit, et non plus à la seule initiative du préfet comme actuellement ; son avis devrait être non plus consultatif, mais délibératif ; elle devrait s'ouvrir aux représentants des administrations sociales ; enfin, devant elle, la procédure serait publique et contradictoire ; l'intéressé serait donc en mesure de défendre son dossier en se faisant au besoin assister.

4. Attribution d'un caractère suspensif à tous les recours. Il est clair en effet qu'un recours non suspensif est sans conséquence : lorsque la décision est exécutée, il est le

plus souvent impossible de revenir sur elle, même si le recours est accepté.

En ce qui regarde les recours gracieux et hiérarchiques, il conviendrait qu'ils soient eux aussi suspensifs et qu'ils fassent l'objet d'une réponse individualisée, tenant expressément compte des particularités du cas, ce qui impliquerait l'abrogation de la règle du refus implicite.

5. Abrogation des conditions restrictives imposées au regroupement familial. Le droit de vivre en famille est un droit naturel, reconnu aussi bien par la Constitution française que par la Convention européenne des droits de l'homme (art. 8) et par la Déclaration universelle des droits (art.16). Limiter ce droit pour les seuls étrangers est donc une mesure discriminatoire.

6. Abolition de la rétention administrative, fermeture des centres de rétention et des zones d'attente, auxquels devrait être substituée, en cas de besoin, l'assignation à résidence.

Il est clair en effet que, sous l'appellation euphémique de rétention, c'est l'internement administratif qui est aujourd'hui pratiqué en France à grande échelle, comme il l'était sous le régime de Vichy ou pendant la guerre d'Algérie. Du fait de la multiplication des mesures d'internement, le contrôle judiciaire de ces mesures devient une formalité vide et illusoire; dès lors, l'internement administratif est de toute évidence incompatible avec l'état de droit.

7. Attribution de la carte de résident de dix ans à tous les étrangers ayant vocation à rester en France, la carte d'un an devant être réservée à ceux dont le séjour est temporaire comme les étudiants et les malades. Il est clair en effet que la carte d'un an renouvelable maintient ses détenteurs dans la précarité: avec elle, comment signer un bail de location de trois ans, comment obtenir un CDI, comment obtenir un prêt? Seule la carte de dix ans permet une intégration effective.

On voit l'esprit qui inspire ces sept mesures: faire reculer l'opacité et l'arbitraire, rendre effectives les garanties données aux droits des étrangers, étendre le champ du droit commun en restreignant celui des mesures spécifiques, toujours discriminatoires par certains côtés.

Il se trouve, en même temps, que ces mesures constitueraient un pas décisif vers la liberté de circulation et d'établissement, dans la mesure où elles paralyseraient largement le fonctionnement aveugle et mécanique de la machine répressive.

Bien entendu, il n'y a pas là une coïncidence : c'est parce que la politique actuelle de fermeture est une atteinte aux droits que tout progrès des droits entraîne la paralysie de cette politique.

L'application des sept mesures évoquées aurait en outre une grande vertu pédagogique : elle permettrait à la population de s'habituer à la liberté de circulation avant que celle-ci soit officiellement proclamée.

Autrement dit, elle introduirait la chose avant de lui donner son nom : or, c'est bien souvent le nom, beaucoup plus que la chose, qui suscite les appréhensions et les fantasmes.

En conclusion, il importe de traiter l'immigré comme tout être humain. C'est un être responsable qui, s'il est venu en France pour chercher du travail, poursuivra ailleurs sa recherche, à condition toutefois qu'il sache qu'il pourra toujours revenir en France si de nouvelles occasions se présentent. En somme, c'est exactement le comportement de la plupart des citoyens européens ; au nom de quel racisme penserions-nous que les citoyens non-européens réagiraient différemment ?

6
Pour que les migrations enrichissent les rapports Nord-Sud

Nous avons déjà développé l'idée que les migrants étaient des acteurs importants de la transformation des sociétés, tant d'accueil que d'origine, et de l'évolution des rapports internationaux. Ils contribuent au développement de la solidarité internationale : non seulement ils participent à l'économie des pays d'accueil et d'origine, mais aussi à l'enrichissement des cultures et des identités.

Encore faut-il que soient organisés les moyens pour optimiser leurs contributions. C'est ce que nous étudierons dans ce chapitre en ce qui concerne les apports économiques des migrants à leurs sociétés d'origine, à propos de trois problèmes : 1. les transferts d'argent ; 2. le maintien des acquis financiers lors du retour au pays d'origine ; 3. l'hémorragie des personnels qualifiés.

Optimiser les transferts d'argent

Nous avons vu, au chapitre 2, l'importance des transferts d'argent des immigrés vers leurs pays d'origine pour l'économie des ces pays et la satisfaction des besoins des populations.

Une première mesure est unanimement préconisée, tant par exemple par la Commission européenne que par la Commission mondiale sur les migrations internationales réunie à l'initiative de l'ONU : réduire les frais de transfert de fonds qui peuvent aller, indique la Commission mondiale, jusqu'à 25 % et parfois plus de la somme transférée.

Un deuxième domaine de l'action est plus délicat : il concerne une meilleure mobilisation de ces fonds, au profit du développement des pays d'origine. Constatant que ces fonds sont actuellement plus efficacement mobilisés au profit de la satisfaction des besoins de base de la population – santé, éducation notamment – qu'au profit de projets de développement économique, certains auraient bien aimé une réorientation de ces fonds dans ce dernier champ. Heureusement, un consensus s'est établi, notamment au niveau de la Commission européenne, sur le fait que ces économies gagnées par les immigrés leur appartiennent et qu'eux seuls ont le droit de décider de leur utilisation. L'action publique doit donc se limiter à créer un environnement favorable à l'utilisation de ces fonds et une incitation à les orienter vers des projets de développement économique, par exemple en apportant des cofinancements.

Maintenir les acquis financiers dans le cadre d'un retour au pays d'origine

Dans son rapport d'octobre 2005, la Commission mondiale sur les migrations internationales a souligné le problème au niveau mondial :

> «D'après les recherches effectuées par la Commission, la majorité des migrants rencontre des obstacles majeurs en ce qui concerne la transférabilité de leurs droits à des prestations de retraite et pour soins de santé. Moins de 25% des migrants internationaux travaillent dans des pays liés par des accords bilatéraux ou multilatéraux sur la sécurité sociale. De plus, ces accords n'offrent pas forcément la transférabilité des droits à prestations pour soins de santé. Cette situation entraîne un certain nombre de conséquences négatives. Les travailleurs migrants temporaires, qui cotisent pour les régimes de retraite et de sécurité sociale, sans pouvoir en bénéficier à leur retour au pays, seront tentés de travailler dans le secteur informel de l'économie où leurs salaires ne sont pas soumis à ces déductions. C'est aussi une contre-incitation à rentrer dans leur pays une fois leur période de travail arrivée à expiration. Inversement, les migrants temporaires, qui pourront accéder à ces prestations dans leur pays d'origine, seront bien placés, en rentrant chez eux, pour y avoir un niveau de vie décent et investir dans leur propre société[1].»

Qu'en est-il en France ?

La France a heureusement conclu des accords bilatéraux de sécurité sociale avec la plupart des pays d'où proviennent ses immigrés. Aussi, les droits à la retraite se trouvent

---

1. Commission mondiale sur les migrations internationales, *op. cit.*

garantis, y compris en cas de retour dans le pays d'origine, ainsi que la couverture maladie pendant la vie active. En revanche, l'immigré qui retourne définitivement dans son pays au moment de sa retraite perd tous ses droits à l'assurance maladie pour lui-même et ses ayants droit, alors même qu'il continue à y cotiser.

De plus, au cas où le montant de la retraite est faible, l'intéressé ne peut toucher le minimum vieillesse que s'il réside de façon permanente en France. Tout cela explique que nombre de retraités préfèrent continuer à résider en France, quitte à effectuer des allers-retours périodiques vers leur pays d'origine.

Une grave injustice perdure aujourd'hui encore dans la législation française : il s'agit des pensions de retraite des fonctionnaires et combattants originaires des territoires sous souveraineté française, devenus étrangers au moment de l'indépendance de ces territoires. La France a alors décidé de bloquer le montant de ces pensions à leur niveau au moment de l'indépendance. Il s'en est suivi une longue lutte juridique où la France a d'abord été condamnée par le Comité des droits de l'homme de l'ONU, avant que le Conseil d'État, par son arrêt Diop du 30 novembre 2001, condamne clairement le caractère discriminatoire de ce dispositif de « cristallisation », en s'appuyant sur la convention européenne de sauvegarde des droits de l'homme. Mais le législateur, loin de tirer toutes les conséquences de cet arrêt, s'est contenté de mettre en place une réglementation qui n'a abouti qu'à majorer de 20 % ces allocations.

Depuis lors, à la suite de l'émotion soulevée par le film *Indigènes*, la loi du 21 décembre 2006 a rétabli l'égalité entre Français et étrangers, mais uniquement en ce qui concerne les retraites des combattants et les pensions d'invalidité militaires, ce qui est loin de régler le problème.

Lutter contre la fuite des cerveaux

L'émigration des personnels qualifiés peut atteindre des proportions considérables dans certains pays, même si ce n'est pas le cas de tous les pays du Sud.

C'est ainsi qu'un rapport de la Banque mondiale de 2005, « Migrations internationales, envoi de fonds et exode des compétences », soulignait, à partir de travaux menés dans les pays de l'OCDE :

> « En Haïti et en Jamaïque, huit diplômés universitaires sur dix partaient pour l'étranger. Au Sierra Leone et au Ghana, c'est le cas de cinq diplômés sur dix. De nombreux pays d'Amérique centrale et d'Afrique subsaharienne, ainsi que certains pays insulaires des Caraïbes et du Pacifique, affichent des taux de migration de personnes très qualifiées de plus de 50 %. La situation est extrêmement différente dans le cas de pays de plus grande taille comme la Chine et l'Inde, dont seulement 3 à 5 % des diplômés universitaires vivent à l'étranger et dans celui du Brésil, de l'Indonésie et de l'ex-Union soviétique, où les taux de migration des personnes instruites sont faibles[2]. »

D'une façon générale, Denis Cogneau et Flore Guibert, dans leur contribution à l'ouvrage *Les nouvelles migrations, un enjeu Nord-Sud de la mondialisation*, soulignent que :

> « Les régions les plus pauvres de la planète n'ont jusqu'à présent envoyé que peu de migrants dans les pays développés. En revanche, les régions tout à la fois les plus riches et les plus proches du Nord par la distance géographique ou par l'histoire ont envoyé une proportion beaucoup plus importante de leur population dans les pays du Nord. Ces migrations, plus nombreuses et plus anciennes, ont été aussi plus souvent le fait de personnes dépourvues de qualifications scolaires. Inversement, les régions les plus pauvres ont plus souvent envoyé des migrants qualifiés. Elles représentent ainsi une plus forte part des migrants qualifiés dans l'OCDE[3]. »

Pourquoi une telle émigration de personnel qualifié ?

Une première raison est le peu d'emplois qualifiés disponibles dans les pays d'origine, comme le montrent Denis Cogneau et Flore Guibert dans la contribution déjà citée :

> « En Afrique, les taux de chômage des diplômés du supérieur sont particulièrement élevés, dépassant souvent 20 % selon les critères du Bureau international du travail, et l'on peut donc penser que l'émigration soulage un segment du marché du travail déjà très déprimé. »

---

2. Banque mondiale, *op. cit.*
3. D. Cogneau & F. Guibert, « Migrations du sud et réduction de la pauvreté : des effets ambigus pour les pays de départ », *op. cit.*

Dans une contribution au même ouvrage, Jean-Christophe Dumont expose une deuxième raison :

«Dans les pays en développement, la détérioration de l'éducation publique et les incertitudes pesant sur le futur (démocratique, économique et social) pour les enfants notamment, influent fortement sur la décision d'émigrer de ceux qui ont cette opportunité. En Afrique du Sud par exemple, 25 % des personnes qualifiées citent les conditions de sécurité comme principale raison pour former un projet migratoire.»

La solution au problème consiste donc à assurer les services publics nécessaires à la population et à créer des emplois qualifiés, et non à supprimer toute possibilité d'émigrer pour les personnels qualifiés. C'est à cette conclusion qu'aboutit la Commission mondiale sur les migrations internationales :

«La mise en pratique de la stratégie "former et retenir" est une entreprise complexe, et la Commission se méfie des solutions expéditives qui chercheraient à empêcher les professionnels hautement qualifiés de quitter leur pays pour chercher de l'emploi ailleurs. Une telle approche ne respecterait pas les principes des droits de l'homme, irait à l'encontre de la mondialisation du marché du travail et serait de toute façon fort difficile à mettre en pratique. De plus, si des migrants ont quitté leur pays sans autorisation et, craignant d'être pénalisés à leur retour, ils seront peu enclins à y retourner[4].»

Ainsi donc, l'arrêt de l'hémorragie des personnels qualifiés passe par la constitution d'États assurant les services publics et par la création d'emplois qualifiés sur place. Encore faut-il qu'ils soient occupés par les nationaux qualifiés et notamment par ceux qui, en continuité d'études entreprises à l'étranger ou pour de tout autres raisons, sont partis travailler à l'étranger.

Les pratiques actuelles d'entreprises s'installant dans les pays du Sud sont, bien souvent, de recruter au Nord des émigrés qualifiés pour retourner travailler dans leur pays d'origine. Ce système donne satisfaction à la fois aux entreprises et aux cadres, à condition toutefois que soit garantie à ces cadres la possibilité d'«allers et retours» dont nous avons

---

4. Commission mondiale sur les migrations internationales, *op. cit.*

vu l'importance au chapitre précédent, c'est-à-dire la possibilité pour eux, en fonction de leurs projets de carrière, de continuer à travailler dans leur pays d'origine ou de revenir dans leur pays d'émigration. Nous partageons donc, mais sans l'étendre aux régions les plus pauvres (voir ci-dessus), la conclusion de la commission mondiale sur les migrations internationales :

> «Eu égard à la configuration changeante des migrations internationales, la notion "d'exode des cerveaux" est quelque peu dépassée, car elle implique qu'un migrant quittant son pays n'y retournera pas. De nos jours, il faut valoriser la mobilité des personnes, en promouvant l'idée de "circulation des cerveaux", selon laquelle les migrants retournent régulièrement ou occasionnellement dans leur pays et partagent les bénéfices des compétences et des ressources qu'ils ont acquises en vivant et en travaillant à l'étranger[5].»

Admettre ainsi que les travailleurs qualifiés puissent avoir le choix de leur carrière dans leur pays ou en émigrant ne signifie pas qu'il soit acceptable, comme cela se dessine aujourd'hui, que les pays du Nord «aillent faire leur marché au Sud» et, par des mesures de dumping, attirent les cadres du Sud sans tenir compte des besoins de leurs pays. Tout au contraire, l'aide au développement que les pays riches disent vouloir étendre, notamment pour diminuer l'immigration, implique de créer, dans les pays du Sud, des lieux d'excellence qui financeront des emplois qualifiés.

---

5. Commission mondiale sur les migrations internationales, *op. cit.*

7
Pour une citoyenneté ouverte

Désormais, en France comme dans la plupart des pays occidentaux, la population a perdu son homogénéité apparente. Les prévisions démographiques des institutions internationales annoncent que cette tendance se prolongera et s'approfondira dans les années qui viennent. Les personnes d'origine extra-européenne constituent dans ces pays une part significative de la population, qu'elles aient ou non la nationalité du pays de résidence. Dans le même moment, les «certitudes nationales» sont mises en question par la construction de l'Union européenne dans le cadre d'une mondialisation soumise au capitalisme financier.

Cette situation conduit à se demander si les principes – liberté, égalité, fraternité, laïcité, solidarité, justice, démocratie – souvent proclamés mais inégalement appliqués, sont toujours à même d'assurer la cohésion nationale.

Faut-il s'arc-bouter sur une politique qui a permis, bon an, mal an, à la société française de construire un vivre ensemble dans sa diversité sociale et avec les apports extérieurs? Faut-il conserver au maximum cet isolat auquel les nouveaux arrivants devraient s'adapter quand ils ont «la grande chance» de pouvoir en bénéficier? Faut-il le faire évoluer? Faut-il s'appuyer sur ces principes, les adapter sans renoncer à l'essentiel, justice, égalité, paix civile, pour s'adapter à une nouvelle donne plus complexe, plus hétérogène, plus ouverte sur l'extérieur? Faut-il les abandonner pour s'ouvrir au grand large et prendre toute sa place dans le monde?

De l'égalité proclamée à la citoyenneté

Au niveau des principes, les choses paraissent claires. Nul ne propose de changer la devise «Liberté, Égalité, Fraternité», nul ne parle de retirer du bloc constitutionnel la Déclaration des droits de l'homme et du citoyen qui affirme dans son article 1er: «*Les hommes naissent et demeurent égaux en droits*». Les «hommes», non les Français. Nul ne parle de retirer la signature de la France à la Déclaration universelle des droits de l'homme et à son article 1er : « *Tous les êtres humains naissent libres et égaux en dignité et en droits…* » De multiples traités, signés par la France, notamment la Charte des droits fondamentaux de l'UE, confirment l'égalité des personnes.

Il n'en est pas de même dans les faits, au niveau national comme au niveau européen. Mais des possibilités demeurent dans les deux cas, à condition que s'exprime une volonté politique.

Le moins que l'on puisse dire, c'est que de nos jours la notion de « citoyen » est bien malmenée, jusqu'à parler d'entreprise citoyenne ! Mais c'est parce que la citoyenneté constitue un enjeu primordial dans les sociétés européennes contemporaines que la notion d'« aide au citoyen » fait partie de la raison d'être d'Attac. Une fois de plus, les populations d'origine non européenne, ayant ou non la nationalité du pays de résidence, peuvent servir de révélateur des disfonctionnement des sociétés européennes, et particulièrement de la société française, concernant la citoyenneté.

Bien entendu, le droit de vote et d'éligibilité est une partie importante des droits attachés à la citoyenneté et les populations étrangères, notamment non européennes, en sont exclues. Mais la citoyenneté ne se résume pas à ce droit. L'idéal démocratique ne peut se contenter d'un passage périodique dans l'isoloir. Il exige une participation politique la plus complète possible. L'activité citoyenne déborde largement le droit de vote et d'éligibilité : la participation à la vie de la cité se retrouve dans les engagements quotidiens aux niveaux social, associatif, sportif, syndical ou politique. Certaines personnes ne votent pas pour diverses raisons, quelquefois parce que ce droit ne leur est pas reconnu. Elles peuvent cependant être plus engagées dans la vie de la cité et donc dans la citoyenneté que d'autres, qui se contentent de mettre un bulletin dans l'urne et restent coincées devant leur téléviseur. Il apparaît essentiel de « remettre sur ses pieds » la conception de citoyen et de rappeler que le droit de vote n'a de sens qu'en tant que reconnaissance du droit de participer à la vie publique, sociale, économique, culturelle, politique, et non comme son substitut. Un tel défi passe donc notamment par la reconnaissance de la qualité de citoyens aux résidents étrangers, et donc du droit de vote et d'éligibilité.

Au-delà ou en deçà du droit de vote et d'éligibilité, la citoyenneté suppose la reconnaissance d'un certain nombre de droits indispensables à son exercice. Ces droits sont maintenant formellement reconnus à toutes les personnes qui vivent sur le territoire de l'Union européenne à travers la Charte des droits fondamentaux : liberté de pensée, d'expression, de publication, de manifestation, d'association «*y compris politique, à tous les niveaux*».

Mais, dans le même temps, les conditions de la citoyenneté sont mises à mal par des politiques qui affirment vouloir s'attaquer à l'immigration illégale. En réalité, ces politiques mettent souvent en place des mesures discriminatoires qui déstabilisent des populations installées quelquefois depuis longtemps et dont une partie a pris la nationalité française. Loin de favoriser l'intégration politique, elles légitiment d'une certaine façon les discriminations de fait dont une partie de la population est déjà victime : contrôles au faciès, suspicion systématique, remise en question des titres de séjour.

En France, où la liberté d'association des étrangers n'a été pleinement reconnue qu'en 1981, les travaux s'accumulent qui montrent le fort dynamisme associatif des migrants. Ces associations remplissent des rôles multiples : système de solidarité sociale, missions d'animation et de médiation, notamment dans les quartiers sensibles, mais aussi développement des régions d'origine de leurs membres. De cette manière, les migrants se comportent comme des «citoyens ici et là-bas», incarnant le «citoyen transnational» dont la reconnaissance semble inéluctable avec la mobilité accrue des personnes et la diffusion des informations au niveau mondial. En outre, les associations de migrants constituent la plupart du temps des «écoles de la démocratie», procurant à leurs membres une socialisation politique d'une qualité irremplaçable. Enfin – et ce n'est pas le moins important – elles gardent vivant le lien entre les migrants «naturalisés» et ceux qui restent, volontairement ou non, des étrangers, et aussi avec leur pays d'origine.

En 1984, à la suite de la Marche pour l'égalité, l'Assemblée nationale mettait en place, par un vote à l'unanimité, une carte «unique, valable dix ans, renouvelable automatiquement», la carte de résident. Cette carte était attribuée en fonction de critères précis et assurait à son titulaire une présence légitime et durable sur le territoire s'il le désirait. C'était un premier pas vers la citoyenneté. Car comment participer à la vie de la cité si la présence sur le territoire n'est pas officiellement légitimée et assurée?

Mais, depuis, de multiples lois sont venues mettre en question l'attribution de la carte de résident et l'automaticité de son renouvellement. La mise en cause de la sécurité du séjour ne peut être justifiée par la lutte contre le séjour illégal, elle délégitime la présence de ceux qui ne peuvent plus l'obtenir, de ceux qui l'avaient et à qui elle est retirée. Comment être citoyen dans la vie quotidienne quand le droit au séjour n'est reconnu que pour une année et suspendu au renouvellement conditionnel d'une carte?

Comment s'engager politiquement quand la sécurité du séjour est aussi peu assurée? Les discours visent l'immigration illégale; les mesures prises, chaque jour plus répressives, touchent les personnes installées et mettent en question l'unité des couches populaires pour pouvoir, peu à peu, mettre en question les acquis sociaux en commençant par ceux des plus défavorisés.

Vers le droit de vote

Pourtant, malgré cette précarité, la revendication de citoyenneté, notamment du droit de vote, n'a pas disparu, loin de là. Toutes les associations issues de l'immigration la soutiennent. Les campagnes réitérées au fil des années, les dernières étant celles de «votation citoyenne» en 2002, 2005, 2006 et 2008, qui ont mobilisé des dizaines de milliers de personnes, montrent que la demande existe et est bien perçue par la population. Ceci est confirmé par les sondages, notamment ceux de *La Lettre de la citoyenneté*[1].

Les choses bougent au niveau des politiques avec un certain retard sur la population, et des voix se sont fait entendre

---

1. Voir notamment la *Lettre de la citoyenneté,* n° 92, mars-avril 2008.

sur tous les bancs de l'arc parlementaire en faveur du droit de vote aux élections locales. Certains montrent leurs réticences en accumulant des conditions, ils n'invoquent plus les raisons théoriques et notamment le lien, il y a peu indestructible, de la nationalité et de la citoyenneté. Dans le même temps, alors que, jour après jour, semble se renforcer le discrédit à l'encontre des représentants désignés par les urnes – discrédit auquel le comportement de ces derniers est d'ailleurs loin d'être étranger – on a pu voir des vagues d'inscription de jeunes des quartiers populaires sur les listes électorales, comme celles qui ont suivi les révoltes de novembre 2005. Cette volonté d'user du droit de vote, la revendication pour l'acquérir ne sont en rien révolutionnaires, elles sont tout simplement démocratiques. L'attribution du droit de vote aux résidents étrangers ne résoudra pas tous les problèmes. Mais la revendication et les inscriptions témoignent d'un fort désir d'intégration politique qui est généralement sous-estimé. Un espoir placé dans la démocratie telle qu'elle fonctionne, ici et maintenant. Il est dangereux de ne pas en prendre conscience, de ne pas répondre à cette revendication.

L'extension d'une citoyenneté ouverte à tous les résidents, quelle que soit leur nationalité, est une exigence première. Certains continuent de proclamer que le droit de vote est inséparable de la nationalité, pourtant il est reconnu à des étrangers pour certaines élections, la plupart du temps les élections municipales ou locales, dans un pays sur trois à l'échelle mondiale, ainsi que dans un pays démocratique sur deux[2]. Dont la France qui, depuis Maastricht, reconnaît le droit de vote et d'éligibilité pour les élections municipales et européennes aux citoyens de l'Union qui n'ont pas la nationalité française et qui résident sur le territoire. Mais, au niveau de l'Union, des pays sont allés au-delà de cette exigence minimale, et seize pays sur vingt-sept ont une

---

2. Lire à ce sujet la thèse de doctorat en sciences juridiques et politiques d'H. Andrès, «Le droit de vote des étrangers. État des lieux et fondements théoriques», sous la dir. de M. Chemillé-Gendreau, Université Paris 7 Denis Diderot 2007, http://tel.archives-ouvertes.fr/tel-00130445.

législation plus avancée que la France, quelquefois depuis longtemps (Irlande 1963).

Certains pays ont même ouvert le droit de vote aux résidents étrangers pour toutes les élections comme le Chili, l'Uruguay, le Venezuela, la Nouvelle-Zélande. Pour rester en Europe, quelques pays sont particulièrement intéressants :

- en Écosse, pour le référendum sur la dévolution de septembre 1997, tous les résidents ont pu voter, quels que soient leur appartenance ethnique ou leur lieu de naissance ;
- en Suède, tous les étrangers ont pu participer aux référendums sur le nucléaire et sur l'adoption de l'Euro ;
- en Italie où les résidents étrangers qui n'ont pas la citoyenneté de l'UE n'ont pas le droit de vote, tous les étrangers, quelle que soit leur nationalité, ont pu participer à la primaire qui a désigné Romano Prodi comme candidat au poste de président du Conseil en cas de victoire du centre gauche ;
- au Royaume-Uni, les ressortissants du Commonwealth qui n'ont pas la nationalité britannique ont le droit de vote et d'éligibilité à toutes les élections.

Après Maastricht

Depuis le traité de Maastricht, signé en 1992, au niveau européen, la citoyenneté est structurée « en tranches » :

- les nationaux qui ont le droit de vote et d'éligibilité à toutes les élections ;
- les citoyens de l'Union qui ont le droit de vote et d'éligibilité aux élections municipales et européennes dans le pays de résidence ;
- les ressortissants des États tiers qui ont ou n'ont pas le droit de vote, avec ou sans éligibilité aux élections municipales ou locales en fonction de la législation de l'État de résidence.

Le traité a introduit des inégalités là où elles n'existaient pas : les pays qui avaient donné le droit de vote l'avaient donné à tous les étrangers dans les mêmes conditions. Désormais, il y a les bons étrangers qui ont le droit de vote et d'éligibilité dans les mêmes conditions que les nationaux (en principe) et les autres, qui ont conservé leur ancien statut. Cette nouvelle discrimination européenne vient s'ajouter aux autres discriminations de droit ou de fait dont les ressortissants non européens sont déjà victimes et, d'une certaine façon, les légitimer. Pourtant, au nombre de 15 à 20 millions, ils ne peuvent être tenus en dehors de la vie publique sans que la nature démocratique des régimes ne soit contestable.

À chaque étape de la réalisation du suffrage universel en France, a dominé l'illusion que celui-ci était «enfin» achevé. Après 1944 et l'accession tardive des femmes françaises au droit de vote et d'éligibilité, après 1974 et le droit de vote étendu au 18-21 ans, ne serait-il pas temps de tirer les résidents étrangers de l'incapacité politique où ils sont tenus?

Une telle reconnaissance s'inscrit dans un enjeu bien plus large, déjà évoqué: l'adaptation de la démocratie à un espace social en profonde transformation. Autrement dit à la constitution d'un espace mondial unifié où toutes les parties sont solidaires de fait, réunies par des représentations et enjeux communs. L'autre visage de la mondialisation, en quelque sorte. Mais cet ajustement de la citoyenneté à ce nouveau contexte est loin d'être automatique, et on assiste plutôt pour l'instant au développement d'un citoyen consommateur, qui défend avant tout la règle du «chacun chez soi» généralisé.

Donner le droit de vote et d'éligibilité au niveau municipal, démocratie de proximité, est un facteur d'intégration politique des résidents étrangers. Ce droit rétablirait le poids électoral de certains quartiers populaires, dont une bonne partie est constituée de personnes de nationalité étrangère.

Par ailleurs, n'ayant pas, au sein de l'Europe, un passé national «riche d'affrontements quelquefois meurtriers», ils sont plus aptes à participer à l'avenir européen commun qui leur serait proposé avec l'attribution de la citoyenneté européenne de résidence.

Dans une autre perspective, la citoyenneté européenne ne marque-t-elle pas également le rétablissement de la conception initiale de la citoyenneté, c'est-à-dire la *civitas* romaine, appartenance ouverte à la vie de la cité, qui fut supplantée au Moyen Âge par l'*imperium*, monopolisation du pouvoir qui s'incarnera dans la figure de l'État, comme l'ont notamment décrit Norbert Elias ou Charles Tilly[3]? Il ne faut pas pour autant se méprendre : un tel changement est sans doute moins dû à une conquête active qu'à la crise de la conception territoriale de la puissance, mise en lumière notamment par les travaux de Bertrand Badie[4]. Et pourtant, la citoyenneté telle qu'elle semble se régénérer revient surtout à ses sources en ce qu'elle est une «conception profane du politique», la fin d'une croyance en un pouvoir qui transcenderait les membres de la communauté, mais au contraire la marque d'une volonté d'abolir ou tout au moins de réduire la distance entre gouvernants et gouvernés. À ce titre, on pense bien sûr au développement de la démocratie participative, qui renvoie à l'échelon local (et déjà, au 18e siècle, Montesquieu[5] ou Rousseau[6] affirmaient que la démocratie ne pouvait fonctionner sur un trop vaste territoire), mais aussi à une bien plus grande représentativité des élus, que ce soit en termes de sexe, d'âge, mais aussi et surtout d'origine sociale et géographique. Sans remonter aussi loin que Rome, il faut d'ailleurs noter combien nous semblons, ces dernières années, nous éloigner du citoyen abstrait tel qu'il a été reconnu par la Révolution française.

Thomas Marshall, dans une célèbre conférence prononcée en 1949 devant les dignitaires de la Banque internationale pour la reconstruction et le développement (la BIRD, la future Banque mondiale) distingue trois dimensions de la citoyenneté, qui correspondent elles-mêmes à trois étapes historiques de sa reconnaissance : la citoyenneté civile, la citoyenneté politique et enfin la citoyenneté sociale. Or, si, jusqu'à un certain point, la citoyenneté civile et sociale des étrangers a pu être reconnue, la citoyenneté politique a été étrangement oubliée. Peut-être que cela tient en partie à ce que droits civils et droits sociaux apparaissent, à bien

---

3. N. Élias, *Le dynamisme de l'Occident*, Calmann Levy, 1995 ; et C. Tilly, *The Formation of National States in Western Europe*, Princeton, Princeton University Press, 1975.

4. B. Badie, *La fin des territoires, Essai sur le désordre international et sur l'utilité sociale du respect*, Paris, Fayard, 1995.

5. C. Montesquieu, *De l'esprit des lois*, Paris, Gallimard, 1995.

6. J.-J. Rousseau, *Du contrat social ou Principe du droit politique*, Paris, Flammarion, 2001.

des égards, comme des faveurs n'impliquant pas la capacité d'intervention citoyenne de leurs bénéficiaires. Ainsi est né l'apport des étrangers. Or, comme l'a montré Gérard Noiriel en défrichant le terrain[7], l'histoire de l'immigration en France reste encore largement à écrire.

En effet, la manière dont la citoyenneté est aujourd'hui maltraitée en dit long de notre représentation des étrangers, mais aussi plus généralement de la vie démocratique. Il s'agit bel et bien d'une question de représentation, dans les deux sens du terme, de deux défis : l'affaiblissement du «sens caché» (c'est-à-dire les inégalités sociales et culturelles qui induisent des inégalités de participation politique) et la proclamation d'une citoyenneté de résidence. En fait, ces deux dimensions, sociale et politique, sont étroitement liées. Défendre l'une, c'est aussi défendre l'autre, mais c'est surtout défendre un idéal «exigeant» de démocratie. Dans cette perspective, c'est la notion même de citoyen qui doit être questionnée. Le «métier» de citoyen n'implique-t-il pas en effet une certaine «compétence politique»? Compétence qui ne peut elle-même s'acquérir que par une formation continue à laquelle n'ont aujourd'hui accès que les mieux dotés en capital culturel. On pourrait à ce titre plaider pour la reconnaissance d'heures de «formation civique» sur le modèle des heures de délégation syndicale, mais cela suppose un changement radical de regard sur notre usage du temps – autrement dit sur l'économie.

Enfin, alors qu'aujourd'hui les droits les plus fondamentaux des étrangers semblent remis en cause dans l'ensemble de l'Union européenne, le moyen le plus efficace de les sauvegarder consisterait sans doute à reconnaître leur place dans la cité, leur permettant de se défendre dans et par les urnes. Et cela permettrait de sortir les migrations des faux débats entretenus par les xénophobes et de nombreux employeurs. Ces derniers sont eux bien conscients de la nécessaire intensification des flux dans les années à venir. En Belgique,

---

7. G. Noiriel, *Le creuset français, Histoire de l'immigration XIXᵉ-XXᵉ siècle*, Paris, Le Seuil, 1988, 2006 ; et G. Noiriel, *Immigration, antisémitisme et racisme en France (XIXᵉ-XXᵉ siècle), discours publics, humiliations privées*, Paris, Fayard 2007.

les néofascistes du Vlaam se sont plaints, si amèrement que c'en est plaisir, de ce que le vote des immigrés ait fait échouer leur espoir de conquête de la ville d'Anvers lors des dernières élections municipales. Le souci principal des forces réactionnaires est de maintenir ces très nécessaires étrangers en position dominée, dépendante, humiliante, et jetable à merci, pour les exploiter sans problème, et n'en «assimiler» que des «choisis». C'est le sens profond de la réforme du Céséda (Code de l'entrée et du séjour des étrangers et du droit d'asile), c'est bel et bien contre toute logique civique ou sociale que celle-ci risque de s'organiser.

Plus que jamais, il apparaît donc urgent de sortir le débat de ce terrain-là.

Pour une citoyenneté de résidence

Reconnaître la citoyenneté à tous les résidents étrangers, c'est prendre au sérieux les déclarations de principe et rattacher les droits à la personne. Toute personne est porteuse de droits. De tous les droits. Qui doivent pouvoir s'exercer où vit la personne sous peine de n'avoir guère de sens. L'article 21 de la Déclaration universelle des droits de l'homme affirme en son point 1 que «*toute personne a le droit de prendre part à la direction des affaires publiques de son pays, soit directement, soit par l'intermédiaire de représentants librement choisis*». Cela pose la question de savoir ce qu'est «son pays». Le pays dont on a la nationalité? Le pays où l'on vit? Des millions de personnes sont exclues, de droit ou de fait, de la citoyenneté parce qu'elles ne peuvent exercer leurs droits ni dans l'un, ni dans l'autre! Ne serait-il pas plus logique de leur reconnaître des droits dans le pays où elles vivent et travaillent?

De même, la démocratie est définie comme le gouvernement du peuple par le peuple. Le peuple ici est, sans ambiguïté, le *demos*, le peuple du territoire, et non l'*ethnos*. La question s'était déjà posée lors des États généraux de Tours, en 1484, et Philippe Pot, haut fonctionnaire royal, déclarait: «*La souveraineté n'appartient pas au roi, elle appartient au peuple: j'appelle peuple l'universalité des habitants du Royaume*»; et Jacques Attali, qui fait cette citation, d'ajouter: «*Pour que la démocratie ne soit pas un frein au développement, elle doit être sans frontière, sinon on aura la frontière sans la démocratie[8].* »

Le pari européen, même inachevé, a valeur de modèle. Il réalise, dans un espace, la fin des guerres. Il implique à l'évidence la libre circulation des personnes avec tous leurs droits et notamment les droits de citoyen.

L'utopie d'une citoyenneté de résidence mondiale peut et doit devenir un objectif réaliste. Toute personne est porteuse de droits et doit pouvoir les exercer là où elle réside, travaille, vit. C'est le fondement même de la démocratie à cette échelle globale, et de la paix. Certes, les obstacles sur la route sont considérables, mais, à l'aune de cet objectif, aucun n'est humainement infranchissable.

La citoyenneté de résidence est aujourd'hui un des principaux fondements démocratiques de nos sociétés. Elle préserve le rapport entre citoyenneté et territoire, mis à mal par la mondialisation. Elle fonde les libertés démocratiques de chaque personne par le respect des droits des minorités, d'une part, et par la participation de tous à la vie citoyenne, d'autre part. Le défi de la période à venir est dans l'élargissement et l'approfondissement démocratiques par l'articulation des formes représentatives et participatives à tous les niveaux (l'entreprise, le local, le national, les grandes régions et particulièrement l'Europe, le mondial). La place des migrants et des étrangers est révélatrice de cette évolution.

Pour certains, nationalité et citoyenneté sont indéfectiblement liées, pratiquement synonymes. Pourtant, il n'en est rien. Quelques exemples, tirés de l'histoire, suffisent à le démontrer : les femmes ont longtemps été nationales sans être citoyennes, de même que les colonisés, les Algériens notamment, alors nationaux français mais non citoyens, ou les enfants aujourd'hui, seulement citoyens potentiels.

La nationalité était un critère d'attribution de droits, notamment des droits politiques. Mais cela a changé : des droits politiques, qui hier étaient réservés aux nationaux, sont aujourd'hui attribués à tous les résidents. Notamment

---

8. J. Attali, « Notre prochaine étape doit être celle d'une démocratie sans frontières », propos recueillis par J.-M. Colombani et R. Pol-Droit, *Le Monde,* 12 mai 1992.

le droit d'association, y compris politique. Paradoxalement, rien n'empêche un étranger d'être membre d'un parti politique et même d'en être président, mais il ne peut participer aux élections. L'étranger est un citoyen, mais un citoyen de seconde zone, en contradiction avec le principe constitutionnel d'égalité de tous.

De plus en plus, la résidence est un critère dans l'attribution de droits. Au niveau de principes, c'est aujourd'hui acquis pour les droits sociaux. Les résidents étrangers peuvent même participer aux élections au niveau associatif, social, syndical et politique (à l'intérieur des partis). Ils ne peuvent être électeurs et candidats aux élections qualifiées de politiques (locales, législatives, présidentielles), sous prétexte que cela mettrait en question la souveraineté nationale. Participant comme tous les citoyens à la production nationale par leurs activités, par leur travail, leur contribution au budget, à la vie sociale, sportive, culturelle, ils mettraient en danger la souveraineté nationale par leur bulletin de vote. Ce que ne font pas, bien sûr les étrangers non-résidents qui possèdent près de 50 % des valeurs du CAC 40 ! Ou ceux qui dirigent les entreprises ! L'espace national est un espace de solidarité dont bénéficient les résidents étrangers parce qu'ils y apportent leur contribution. Ils doivent aussi y participer au niveau des décisions. Certains craignent que la présence de résidents étrangers mette en question l'identité française. Il suffit d'aller quelques jours à l'étranger pour s'apercevoir que ce qui fait l'identité française, ce sont les grands principes de 1789, que l'histoire coloniale n'a pas encore réussi à ternir. Ce qui fait l'identité de la France, ce n'est pas le repliement sur elle-même, mais l'affirmation qu'ici tous les êtres humains ont des droits reconnus. Par ailleurs, exclure de la citoyenneté et de la nationalité des personnes qui partagent la vie quotidienne et finalement le destin commun n'est pas la meilleure façon de favoriser le vivre ensemble et la solidarité. Au contraire, cela ne peut conduire qu'à la fabrication, à l'exacerbation de divisions, d'oppositions qui affaiblissent ceux qui ont le plus intérêt à s'unir pour faire aboutir les revendications sociales, dans une période où cette solidarité est fortement et volontairement attaquée.

Propositions

Pour mettre en œuvre ces principes, nous reprenons à notre compte quelques propositions de l'Association pour une citoyenneté européenne de résidence (ACER)[9]. Elles sont de portée inégale et peuvent être plus ou moins facilement mises en place ; elles répondent toutes à la volonté d'avancer vers l'égalité de tous les résidents.

En ce qui concerne le droit de vote :

1. Inscrire automatiquement les Français par acquisition sur les listes électorales.

Depuis 1997, les jeunes Français qui arrivent à leur majorité sont inscrits automatiquement sur les listes électorales, sauf les Français par acquisition. Paradoxalement, les seuls Français qui font une démarche volontaire pour avoir la nationalité française sont ceux qui doivent faire une nouvelle démarche pour jouir de leurs droits de citoyens !

2. Attribuer à tout résident le droit de participer aux consultations que peuvent organiser les maires sur une question d'intérêt local.

Jusqu'en 1992, par suite d'un vide juridique, le maire pouvait consulter par référendum tout ou partie des habitants de sa commune. Désormais, il ne peut consulter que les électeurs (nationaux ou citoyens de l'UE). Heureusement, certains maires ont continué à consulter tous les habitants de leur commune. Ces référendums locaux ne mettent pas en question la souveraineté nationale et n'ont qu'une valeur consultative.

3. Signer la convention 144 du Conseil de l'Europe du 5 février 1992 sur la participation des étrangers à la vie publique au niveau local.

Cette convention recommande aux États de faciliter la création d'organismes consultatifs pour la représentation des résidents étrangers dans les collectivités locales quand leur nombre est significatif. Les membres de ces

9. Association pour une citoyenneté européenne de résidence (ACER), «Seize propositions pour l'égalité des résidents étrangers en France», février 2006.

organismes consultatifs peuvent être élus par les résidents étrangers ou nommés par leurs différentes associations. Les États s'engagent à accorder le droit de vote et d'éligibilité aux élections locales à tout résident étranger qui remplit les mêmes conditions que celles qui s'appliquent aux citoyens et qui réside légalement dans l'État depuis cinq ans au moins. La France n'a encore ni signé, ni ratifié cette convention.

4. Attribuer aux résidents le droit de vote et d'éligibilité à toutes les élections. Et cela en application de l'article premier de la Déclaration des droits de l'homme et du citoyen intégrée à la Constitution : «*Les hommes naissent et demeurent égaux en droit. Les distinctions sociales ne peuvent être fondées que sur l'utilité commune.*»
Un premier pas devrait être l'alignement des droits des ressortissants des États tiers sur ceux des citoyens de l'Union européenne, notamment par l'attribution du droit de vote et d'éligibilité aux élections municipales et européennes. À défaut, cela maintiendrait un traitement différent des ressortissants étrangers en fonction de leur nationalité : discrimination qui s'ajoute aux nombreuses discriminations de droit ou de fait déjà mal ressenties.
Cette mesure peut être prise sans révision des traités.

5. Attribuer, la citoyenneté de l'Union aux personnes ayant la nationalité de l'un des États membres (c'est ainsi depuis le traité de Maastricht) et aux personnes résidant sur le territoire d'un des États membres (citoyenneté européenne de résidence).
Pour cela, une révision des traités est nécessaire. L'intérêt d'une telle mesure serait d'attribuer à tous les résidents les droits actuels et futurs des citoyens de l'Union.

En ce qui concerne la nationalité :

6. Attribuer la nationalité française à tout enfant né en France.
Un enfant né en France de parents étrangers n'a pas à la naissance la nationalité française, mais la nationalité de ses parents, et ne devient automatiquement français qu'à l'âge de 18 ans. Qui ne voit l'absurdité et le danger de

traiter un enfant en étranger pendant dix-huit ans, de le forcer à se construire en étranger pour le transformer en un instant en Français, lors de ses 18 ans? Ne serait-il pas plus logique de lui attribuer la nationalité française à la naissance, quitte à la confirmer à 18 ans en fonction de certaines conditions et de sa volonté?

7. Reconnaître la nationalité française à tout enfant après cinq ans de scolarisation en France.

De même, quel étranger peut prétendre entrer dans la nationalité française plus qu'un enfant arrivé ici en bas âge et scolarisé ici, socialisé ici?

8. Instituer un droit à la nationalité pour tout étranger après sept ans de résidence légale, comme cela existe en Belgique.

Les règles étant clairement établies, cela supprimerait l'arbitraire régalien ou de guichet qui règne encore en la matière.

Conclusion

Les migrations constituent un phénomène historique permanent, au point que l'on peut considérer qu'elles sont consubstantielles à l'histoire de l'humanité. Face à cela, les États de l'Union européenne et l'Union elle-même pratiquent une politique d'isolement qui amène à parler d'Europe forteresse, entendant n'admettre d'immigrants, au compte-gouttes, que sur le seul critère de leur «intérêt économique» pour le pays d'accueil.

Ce type de politique n'est pas nouveau. Il a toujours échoué. Il a comme première conséquence de rendre illégitime la présence de populations issues de l'immigration, installées quelquefois depuis longtemps, et ne fait que renforcer les discriminations de fait ou de droit dont elles sont victimes. Quand cette politique est poussée à l'extrême, comme c'est le cas actuellement, le résultat sombre dans l'horreur, mortelle aux frontières et quelquefois à l'intérieur. Elle bloque les mouvements traditionnels des populations et est attentatoire aux droits humains.

Sur le plan économique, rien ne justifie cette politique. En effet, elle ne répond à aucune nécessité objective, et la recherche a montré que le niveau de vie de la population ne souffre pas de l'immigration et que la diminution du chômage passe par d'autres politiques que l'arrêt de l'immigration.

Elle est purement idéologique et répond à la volonté des gouvernants de donner des gages à la partie xénophobe de la population, notamment en instrumentalisant une mythique identité nationale figée, au lieu de l'aider à évoluer en ouvrant le débat. À cette crispation, l'Unesco oppose «*une interaction harmonieuse et un vouloir vivre ensemble de personnes et de groupes aux identités culturelles à la fois plurielles, variées et dynamiques*[1]» qui contribueront à

---

1. Article 2 de la Déclaration universelle sur la diversité culturelle, 31e session de la conférence générale de l'Unesco, 2 novembre 2001.

l'édification de nouvelles identités nationales dynamiques et ouvertes.

Liberté de circulation et liberté d'installation font partie des droits fondamentaux. Ces principes sont en cours de mise en œuvre sur le territoire européen pour les citoyens de l'Union. Rien ne justifie que la même législation ne soit pas appliquée à tous les résidents, quelle que soit leur nationalité, si ce n'est, là encore, des considérations idéologiques. Il est difficilement compréhensible que la mobilité des uns soit un facteur favorable au point de vue économique et non la mobilité des autres. Du seul fait de leur nationalité !

Ces principes de liberté de circulation et d'installation affirmés, leur mise en application doit être progressive. Les règles qui ont été élaborées pour favoriser la circulation intra-européenne peuvent être reprises pour mettre en application progressivement l'ouverture des frontières. Les propositions reprises d'Emmanuel Terray vont dans ce sens.

Cette liberté d'installation doit être complétée par l'instauration d'un véritable droit à la citoyenneté pour les résidents étrangers, ce qui inclut le droit de vote et d'éligibilité et, d'une façon plus large, reconnaît à tout résident, étranger comme national, le droit de participer à la vie de la Cité où il vit. C'est pourquoi les propositions de l'ACER pour une citoyenneté européenne de résidence sont reprises : elles permettraient une avancée vers l'égalité de tous les résidents.

Annexe 1
Lettre du président de la République de Bolivie au sujet de la directive retour

Evo Morales, le président de la République de Bolivie, se prononce contre la «*directive de la honte*» votée au Parlement européen le 18 juin 2008. Il rappelle que les migrants persécutés en Europe «*offrent une solution aux problèmes démographiques et financiers de l'UE*». Il souligne aussi que pendant des siècles les Européens ont émigré – par exemple vers l'Amérique latine – pour échapper à la misère. Lorsqu'aujourd'hui l'Europe reçoit en retour les émigrés des pays qu'elle a pillés méthodiquement depuis des siècles, elle les enferme dans des camps… «*Ceci est nier les fondements de la liberté et des droits démocratiques.*» «*Vous ne pouvez pas faillir aujourd'hui dans vos "politiques d'intégration" comme vous avez échoué avec votre supposée "mission civilisatrice" du temps des colonies*», conclut-il.

«Solidarité envers tous les clandestins»

Jusqu'à la fin de la Seconde Guerre mondiale, l'Europe était un continent d'émigrants. Des dizaines de millions de ses habitants partirent aux Amériques pour coloniser, échapper aux famines, aux crises financières, aux guerres ou aux totalitarismes européens et à la persécution des minorités ethniques.

Aujourd'hui, je suis avec préoccupation le processus de ladite «directive retour». Ce texte, validé le 5 juin passé par les ministres de l'intérieur des vingt-sept pays de l'UE, doit être approuvé le 18 juin par le Parlement européen. Je perçois qu'il durcit de manière drastique les conditions de détention et d'expulsion des migrants sans papier, quels qu'aient été leur temps de séjour dans les pays européens, leur situation de travail, leurs liens familiaux, leur volonté et le succès de leur intégration.

Les Européens sont arrivés dans les pays d'Amérique latine et d'Amérique du Nord, en masse, sans visa ni conditions imposées par les autorités. Ils furent toujours bienvenus, et le demeurent, dans nos pays du continent américain, qui absorbèrent alors la misère économique européenne et ses crises politiques. Ils vinrent sur notre continent en exploiter les richesses et les transférer en Europe, avec un coût très élevé pour les peuples premiers de l'Amérique. Comme par exemple dans le cas de notre Cerro Rico de Potosi et de ses fabuleuses mines, qui donnèrent sa masse monétaire au continent européen entre le 16e et le 19e siècle. Les personnes, les biens, les droits des migrants européens furent toujours respectés.

Aujourd'hui, l'UE est la principale destination des migrants du monde, conséquence de son image positive d'espace de prospérité et de libertés publiques. L'immense majorité des migrants viennent dans l'UE pour contribuer à cette prospérité, non pour en profiter. Ils occupent les emplois de travaux publics, dans la construction, les services aux personnes et dans les hôpitaux, que ne peuvent ou ne veulent occuper les Européens. Ils contribuent au dynamisme démographique du continent européen, à maintenir la relation entre actifs et inactifs qui rend possible ses généreux systèmes de solidarité sociale et dynamisent le marché interne et la cohésion sociale. Les migrants offrent une solution aux problèmes démographiques et financiers de l'UE.

Pour nous, nos émigrants représentent l'aide au développement que les Européens ne nous donnent pas – vu que peu de pays atteignent réellement l'objectif minimum de 0,7 % du PIB d'aide au développement. L'Amérique latine a reçu, en 2006, 68 milliards de dollars de transferts financiers de ses émigrés, soit plus que le total des investissements étrangers dans nos pays. Au niveau mondial, ces transferts atteignent 300 milliards de dollars, qui dépassent les 104 milliards de dollars octroyés au nom de l'aide au développement. Mon propre pays, la Bolivie, a reçu plus de 10 % de son PIB en transferts de fond des migrants (1,1 milliard de dollars), soit un tiers de nos exportations annuelles de gaz naturel.

Il apparaît que les flux de migration sont bénéfiques pour les Européens et, de manière marginale, aussi pour nous du tiers-monde, vu que nous perdons des millions de personnes de main-d'œuvre qualifiée en laquelle, d'une manière ou d'une autre, nos États, bien que pauvres, ont investi des ressources humaines et financières.

Il est regrettable que le projet de «directive retour» complique terriblement cette réalité. Si nous concevons que chaque État ou groupe d'États puisse définir ses politiques migratoires en toute souveraineté, nous ne pouvons accepter que les droits fondamentaux des personnes soient déniés à nos compatriotes et à nos frères latino-américains. La directive retour prévoit la possibilité d'un enfermement des migrants sans papier jusqu'à dix-huit mois avant leur expulsion – ou «éloignement» selon le terme de la directive. Dix-huit mois! Sans procès ni justice! Tel qu'il est, le projet de directive viole clairement les articles 2, 3, 5, 6, 7, 8 et 9 de la Déclaration universelle des droits de l'homme de 1948. Et en particulier l'article 13 qui énonce:

«1. Toute personne a le droit de circuler librement et de choisir sa résidence à l'intérieur d'un État.

2. Toute personne a le droit de quitter tout pays, y compris le sien, et de revenir dans son pays.»

Et, pire que tout, il existe la possibilité d'emprisonner des mères de familles et des mineurs, sans prendre en compte leur situation familiale ou scolaire, dans ces centres de rétention où nous savons que surviennent des dépressions, des grèves de la faim, des suicides. Comment pouvons-nous accepter sans réagir que soient concentrés dans ces camps nos compatriotes et frères latino-américains sans papiers, dont l'immense majorité travaille et s'intègre depuis des années? De quel côté est aujourd'hui le devoir d'ingérence humanitaire? Où sont la «liberté de circuler», la protection contre les emprisonnements arbitraires?

Parallèlement, l'UE tente de convaincre la Communauté andine des nations (Bolivie, Colombie, Équateur, Pérou) de signer un «accord d'association» qui inclue en son troisième pilier un traité de libre-échange, de même nature et contenu que ceux qu'imposent les États-Unis. Nous subissons une intense pression de la Commission européenne pour accepter des conditions de profonde libéralisation pour le commerce, les services financiers, la propriété intellectuelle ou nos services publics. De plus, au nom de la «protection juridique», on nous reproche notre processus de nationalisation de l'eau, du gaz et des télécommunications réalisés le Jour des travailleurs. Je demande, dans ce cas : où est la «sécurité juridique» pour nos femmes, adolescents, enfants et travailleurs qui recherchent un horizon meilleur en Europe?

Promouvoir d'un côté la liberté de circulation des marchandises et des flux financiers, alors qu'en face nous voyons des emprisonnements sans jugement pour nos frères qui ont essayé de circuler librement… Ceci est nier les fondements de la liberté et des droits démocratiques.

Dans ces conditions, si cette «directive retour» devait être approuvée, nous serions dans l'impossibilité éthique d'approfondir les négociations avec l'UE et nous nous réservons le droit d'imposer aux citoyens européens les mêmes obligations de visas qui nous ont été imposées le 1er avril 2007, selon le principe diplomatique de réciprocité. Nous ne l'avions pas exercé jusqu'à maintenant, attendant justement des signaux positifs de l'UE.

Le monde, ses continents, ses océans, ses pôles, connaissent d'importantes difficultés globales : le réchauffement global, la pollution, la disparition lente mais sûre des ressources énergétiques et de la biodiversité alors qu'augmentent la faim et la misère dans tous les pays, fragilisant nos sociétés. Faire des migrants, qu'ils soient sans papiers ou non, les boucs émissaires de ces problèmes globaux, n'est en rien une solution. Cela ne correspond à aucune réalité. Les problèmes de cohésion sociale dont souffre l'Europe ne sont pas la faute des migrants, mais le résultat du modèle de développement imposé par le Nord, qui détruit la planète et démembre les sociétés des hommes.

Au nom du peuple de Bolivie, de tous mes frères du continent et des régions du monde comme le Maghreb et les pays de l'Afrique, je fais appel à la conscience des dirigeants et députés européens, des peuples, citoyens et militants d'Europe, pour que ne soit pas approuvé le texte de la «directive retour». Telle que nous la connaissons aujourd'hui, c'est une directive de la honte. J'appelle aussi l'UE à élaborer, dans les prochains mois, une politique migratoire respectueuse des droits de l'homme, qui permette le maintien de cette dynamique profitable pour les deux continents, qui répare une fois pour toutes l'énorme dette historique, économique et écologique que les pays d'Europe ont envers une grande partie du tiers-monde, et qui ferme définitivement les veines toujours ouvertes de l'Amérique latine. Vous ne pouvez pas faillir aujourd'hui dans vos «politiques d'intégration» comme vous avez échoué avec votre supposée «mission civilisatrice» du temps des colonies.

Recevez tous, autorités, eurodéputés, camarades, un fraternel salut depuis la Bolivie. Et, en particulier, notre solidarité envers tous les «clandestins».

Evo Morales Ayma,
président de la République de Bolivie

Annexe 2
De nouveaux mouvements pour la coordination des sans-papiers

Occupation d'églises, de bâtiments administratifs, grèves de la faim, les mobilisations de collectifs de sans-papiers n'ont pas manqué. Deux mouvements récents ont changé à nouveau le regard d'une partie de la population française sur les immigrés en situation irrégulière. Le Réseau éducation sans frontières a mis au grand jour que des familles vivaient ici dans la clandestinité avec leurs enfants scolarisés ; ces immigrés invisibles devenaient les parents du petit copain ou de la petite copine des enfants. La grève des travailleurs sans papiers du printemps 2008 a mis en lumière qu'ils travaillaient et étaient indispensables à plusieurs secteurs économiques.

Le Réseau éducation sans frontières (RESF)

Le 26 juin 2004, s'est tenue à la Bourse du travail de Paris une réunion rassemblant des enseignants, des personnels de l'Éducation nationale, des parents d'élèves, des éducateurs, des collectifs, des syndicats et des organisations attachées à la défense des droits de l'homme préoccupés de la situation des sans-papiers scolarisés (de la maternelle à l'université). Ils ont décidé la création d'un réseau de soutien nommé Éducation sans frontières.

RESF a depuis lors fait obstacle à maintes expulsions et obtenu pour beaucoup de jeunes adultes scolarisés et de parents d'élèves des titres de séjour. Le réseau a même obtenu la suspension durant l'année scolaire 2005-2006 de toute expulsion de parents d'enfants scolarisés.

Extraits de l'appel de RESF du 26 juin 2004 :

Ces derniers mois, les personnels, les parents et les élèves d'établissements scolaires ont obtenu de haute lutte la régularisation d'élèves et de parents d'élèves sans papiers que des lois iniques menaçaient d'expulsion… La mobilisation des personnels, des élèves et des parents, de leur quartier, les relais qu'ils ont su trouver auprès de personnalités locales et nationales, de centaines d'anonymes aussi, l'écho que la radio, la télévision et la presse ont parfois donné à leur action ont permis d'arracher ces jeunes à la clandestinité. Tout est bien qui finit bien pour ceux-là.

Pourtant, pour quelques cas résolus, des milliers d'autres jeunes, d'enfants, d'étudiants également subissent, eux aussi, le drame de la privation du droit à une existence décente, l'obsession de l'interpellation, la peur d'une expulsion pratiquée dans des conditions souvent honteuses, l'angoisse d'un avenir bouché par la privation du droit de poursuivre des études supérieures, de travailler, d'avoir un logement, de bénéficier de la Sécurité sociale, etc. Bref, d'être condamnés au dénuement et aux conditions de vie indignes auxquels sont réduits les sans-papiers.

Il est inconcevable d'imaginer nos élèves, les copains de nos enfants, menottés, entravés, bâillonnés et scotchés à leurs sièges d'avion pendant que leurs camarades étudieraient paisiblement Éluard («*J'écris ton nom, Liberté*») ou Du Bellay («*France, mère des arts, des armes et des lois*»); et que, sans trembler, on effacerait des listes les noms et prénoms des bannis…

Mais agir aussi pour faire la démonstration aux yeux de nos élèves et de nos enfants, que les discours sur les «valeurs» ne sont pas des mots creux. Il est du devoir de tous ceux qui ont une mission éducative, à commencer par les personnels de l'Éducation et les parents, de montrer à la jeune génération qu'on dit sans repères, que la justice, l'altruisme, la solidarité, le dévouement à une cause commune ne sont pas des mots vides de sens. Et que certains adultes savent faire ce qu'il faut quand des jeunes sont victimes d'injustice ou plongés dans des situations intolérables.

Agir, enfin avec les jeunes eux-mêmes. Qui, s'ils sont associés à des combats justes, renoueront avec des traditions de solidarité, de combat collectif qui leur permettront peut-être, leur vie durant, de faire en sorte que le monde dans lequel ils sont appelés à vivre soit ouvert à tous.

La grève des travailleurs sans papiers :
«*Ils vivent ici, ils travaillent ici, ils restent ici!*»

Le 15 avril 2008, à Paris, plusieurs centaines de travailleurs des secteurs de la construction, de la restauration, de la sécurité se mettent en grève et occupent leurs lieux de travail.

Ce mouvement est organisé par l'association Droits Devant!! et la CGT. Il s'appuie sur la circulaire gouvernementale du 7 janvier 2008, qui met en application l'amendement présenté dans la loi sur l'immigration du 20 novembre 2007 par le député (UMP) Frédéric Lefebvre permettant la régularisation de travailleurs en situation irrégulière.

Selon cette circulaire gouvernementale, un étranger devra satisfaire à deux conditions pour prétendre à une régularisation par le travail. La première : disposer d'une qualification ou d'une expérience dans un des métiers de la liste des trente professions ouvertes aux ressortissants des pays non-membres de l'UE ; ce métier devant connaître des difficultés de recrutement dans la région où le sans-papiers dépose sa demande. La seconde condition pour prétendre à une régularisation par le travail est la nécessité d'apporter «*la preuve d'un engagement ferme de l'employeur*», c'est-à-dire une promesse d'embauche «*sous contrat à durée indéterminée ou, à titre exceptionnel, à durée déterminée mais d'une durée supérieure à un an*».

Ce mouvement de grève qui dure durant de longues semaines et s'élargit à plus d'un millier de grévistes contraint le ministre Hortefeux à promettre un examen bienveillant de 1 000 dossiers déposés conjointement par la CGT, Droits Devant et le collectif Femmes égalité. Plus de 500 personnes ont reçu un titre de séjour temporaire à la mi-juin 2008.

Le collectif Femmes égalité, qui rassemble des femmes travailleuses, pour l'essentiel employées dans le secteur de l'aide à la personne, s'est en effet joint au mouvement et permet à des femmes très isolées de prendre la parole et de se faire reconnaître comme travailleuses à part entière, bien qu'elles soient souvent sans contrat de travail, ni fiches de paye.

Les grévistes s'attirent la sympathie active de nombreux habitants des quartiers où se situent les entreprises occupées. Ce mouvement marque une prise en charge nouvelle de la question des travailleurs en situation irrégulière par la CGT, rejointe par l'Union syndicale Solidaires, la CNT et, au plan départemental, par la CFDT des Yvelines.

Bibliographie complémentaire

CATRED, GISTI, *Égalité des droits pour les anciens combattants et fonctionnaires*, nouvelle édition 2006.

Hédrich Irène : « Le droit de vote et d'éligibilité des ressortissants communautaires aux élections municipales en France », Mémoire dans le cadre du séminaire « La France et l'UE », Université Pierre Mendès France, Institut d'études politiques de Grenoble, 2001.

Héran François, « Cinq idées reçues sur l'immigration », *Populations et sociétés*, n° 397, janvier 2004, www.ined.fr/fichier/t_telechargement/13107/telechargement_fichier_fr_397.pdf.

Héran François, Pison Gilles, « Deux enfants par femme dans la France de 2006 : la faute aux immigrées ? », *Populations et sociétés*, n° 432, mars 2007. www.ined.fr/fichier/t_telechargement/13110/telechargement_fichier_fr_publi_pdf1_pop.et.soc.francais.432.

Le Cour Grandmaison Olivier, Wihtol de Wenden Catherine (dir.), *Les étrangers dans la cité*, Paris, La Découverte, 1993.

Marshall Thomas H., *Citizenship and Social Class*, Londres, Pluto, 1950.

OFPRA, *Rapport d'activité 2006*.

Oriol Paul, *Résidents étrangers, citoyens ! Plaidoyer pour une citoyenneté européenne de résidence*, Paris, Presse Pluriel, octobre 2003.

Tavan Chloé, « Les immigrés en France : une situation qui évolue », *Insee Première*, n° 1042, septembre 2005, www.insee.fr/fr/ffc/docs_ffc/IP1042.pdf.

Rocard Michel, point de vue, *Le Monde*, 4 août 1996.

Wacquant Loïc, *Parias urbains : Ghetto, banlieues, État*, Paris, La Découverte, 2006.

Weil Patrick, *Qu'est ce qu'un français ? Histoire de la nationalité française depuis la Révolution*, Paris, Grasset, 2002.

Wihtol de Wenden Catherine : « La citoyenneté européenne », « Nationalité et citoyenneté, nouvelle donne d'un espace européen », travaux du CEP, 5 mai 2002.

IMPRESSION, BROCHAGE

42540 ST-JUST-LA-PENDUE
OCTOBRE 2009
DÉPÔT LÉGAL 2009
N° 200910.0045

IMPRIMÉ EN FRANCE